网店美工

李国娟 主 编

李爱平 陈晓纪 李磊 赵胜 翟红敏 孙永道 副主编

清华大学出版社
北京

内 容 简 介

本书采用任务驱动教学法组织内容编写，基于慕课（MOOC）理念开发颗粒化任务单元，可以让读者进行线上＋线下混合模式学习。本书包括7个学习情境，主要介绍网店美工入门、设计理念、网店装修基本技能、网店元素的设计与制作、广告的设计与制作、网店首页的设计与制作、详情页的设计与制作等内容。本书配套了丰富的微课资源，扫描书中二维码即可观看学习。

本书适合电子商务、计算机等专业学生学习使用，也适合网店美工、网页美工、平面设计、网站编辑等从业人员使用，还可以作为学生参加电子商务技能大赛的专用教材。

本书封面贴有清华大学出版社防伪标签，无标签者不得销售。
版权所有，侵权必究。举报：010-62782989，beiqinquan@tup.tsinghua.edu.cn。

图书在版编目（CIP）数据

网店美工 / 李国娟主编 . —北京：清华大学出版社，2023.8
ISBN 978-7-302-63581-9

Ⅰ.①网… Ⅱ.①李… Ⅲ.①网店—设计 Ⅳ.① F713.361.2

中国国家版本馆 CIP 数据核字（2023）第 090914 号

责任编辑：聂军来
封面设计：刘　键
责任校对：袁　芳
责任印制：曹婉颖

出版发行：清华大学出版社
　　　　　网　　址：https://www.tup.com.cn, https://www.wqxuetang.com
　　　　　地　　址：北京清华大学学研大厦 A 座　　　邮　编：100084
　　　　　社 总 机：010-83470000　　　　　　　　　邮　购：010-62786544
　　　　　投稿与读者服务：010-62776969, c-service@tup.tsinghua.edu.cn
　　　　　质量反馈：010-62772015, zhiliang@tup.tsinghua.edu.cn
　　　　　课件下载：https://www.tup.com.cn, 010-83470410
印 装 者：三河市龙大印装有限公司
经　　销：全国新华书店
开　　本：185mm×260mm　　　　印　张：13.25　　　字　数：302 千字
版　　次：2023 年 10 月第 1 版　　　　　　　　　　印　次：2023 年 10 月第 1 次印刷
定　　价：49.00 元

产品编号：090145-01

本书编委会

主　编：李国娟
副主编：李爱平　陈晓纪　李　磊
　　　　赵　胜　翟红敏　孙永道

前 言

　　本书采用任务驱动教学法安排教学内容，体现了"以学生为主体"的教学思想。本书基于 MOOC 理念开发颗粒化任务单元，从一线企业采集的案例中提炼理论和技能点，每个技能任务都按照任务的提出、分析、解决、重难点再现、总结、检测、拓展的过程来安排，并且编者构建了"一主体，两贯通，一拓展"的开放课程学习平台，以制作的微课、微视频、微案例等数字"三微资源"作为学习主体；以微测验、微作业、微考试的"三微考核"和微讨论、微笔记、微评价的"三微互动"作为两个贯通，使"师生互动"和"过程考核"贯穿学习始终。

　　我们将网店美工需要掌握的知识内容按照其特点和目标创新，提出了"七段"功夫境界：初学涂鸦——网店美工入门；摩拳擦掌——设计理念；勤学苦练——网店装修基本技能；渐进佳境——网店元素的设计与制作；炉火纯青——广告的设计与制作；登峰造极——网店首页的设计与制作；修成正果——详情页的设计与制作。以上七段教学内容按照循序渐进、由浅入深、由易到难的梯度来安排，让学生成为技能过硬、实战能力够强的技术人才。在书中，我们用生动形象的语言来表述各主要知识点，让学生能够轻松理解并快速掌握，例如，风骨之美——构图元素、布局有方——文字排版、转换之门——主图、引流利器——直通车图、流量入口——网店首页等。

　　本书的主要特色如下。

　　（1）本书不仅包括了主要的行业专业技术，而且引入职业素养内容，让学生能够在获得专业技能的同时，又具备较高的职业素养。例如，团队合作和沟通交流是职业素养的核心之一，本书中的学习情境六和学习情境七的实训内容就需要由学生分组合作完成，这既突出了职业教育的特点，又将行业职业素养融入了教学中。

　　（2）本书将课程思政元素根植在课程内容中，让学生在专业学习中逐渐接受和内化，从而提升思政素养。本书根据中国功夫文化提出了"七段"功夫境界：初学涂鸦、摩拳擦掌、勤学苦练、渐进佳境、炉火纯青、登峰造极、修成正果；循序渐进、由浅入深、由易到难地安排教学任务，不仅有助于提高学生的学习兴趣，而且也让学生感受到每个阶段"功夫"带来的成就感。

　　（3）本书编写了很多实例任务，学生学完后需要模仿制作很多成套的实例，并且需要发挥想象进行设计与创新。这不仅会给学生带来成就感，而且在学生就业应聘时，这些实例也可以作为应聘时的加分项，更有助于学生就业。

　　（4）本书配套的精品在线课程是河北工程科技职业大学重点建设课程，也是河北省级精品在线课。依托于精品在线课程，本书结构合理，层次清晰，既方便教师教学，又方便学生学习。

（5）校企合作特色明显。本书编者团队与河北佳诺电子商务有限公司优秀技术人才联合开发课程体系，研发在线课程与新形态教材，实现优势互补、资源共享、校企人才共育。

（6）本书符合教学规律。编者团队成员长期工作在教学一线，熟悉职业教育的教学特点，具有丰富的教学经验，在教学改革中取得了较好成绩。2018—2021 年，由赵胜、李国娟两位老师带队指导学生获得河北省电子商务技能大赛一等奖第一名，教师连续 4 年获得省级优秀指导教师；2019 年与 2021 年取得全国高职电子商务技能大赛三等奖，网店美工参赛团队分别在全国 87 支队伍中排名第 14、32 支队伍中排名第 11 的好成绩。这使得本书既包含技术的精华，又有艺术的与时俱进，将技术与艺术完美结合，充分反映教材的时代性要求。

诗情画意的总结能够让学生轻松记住所学的内容，句句阳光、正能量，鼓励学生养成坚持、勤学、苦练的品质，使学习不再高不可攀。

本书学习情境 1 由翟红敏编写，学习情境 2 由孙永道、陈晓纪编写，学习情境 3、4、5 由李国娟编写，学习情景 6 由陈晓纪、赵胜编写，学习情景 7 由李爱平和李磊编写，李国娟负责全书的统稿和修改工作。来自企业的设计总监刘君甜全程为本书的编写提供了咨询，同时孙永道教授负责了本书的审校工作，在这里特别表示感谢。由于编写者水平有限，不可避免存在不少谬误和不足，希望读者批评、指正。

编　者

2023 年 3 月

本书勘误及资源更新

目 录

学习情境 1　初学涂鸦——网店美工入门 ··· 1
　1.1　网店装修的重要性 ··· 1
　1.2　四步搞定网店设计 ··· 7
　1.3　揭开网店美工神秘面纱 ··· 16
　1.4　网店美工职责及注意事项 ··· 20

学习情境 2　摩拳擦掌——设计理念 ··· 25
　2.1　吸睛大法——网店配色 ··· 26
　2.2　风骨之美——构图元素 ··· 35
　2.3　布局有方——文字排版 ··· 41
　2.4　奇思妙想——构图方法 ··· 48

学习情境 3　勤学苦练——网店装修基本技能 ··································· 52
　3.1　现出原形——拍摄图片和视频 ··· 53
　3.2　打造完美无瑕的商品——修图 ··· 58
　3.3　你本来就很美——调色 ··· 62
　3.4　移花接木必修术——抠图 ··· 68
　3.5　如法炮制——批处理图像 ··· 73

学习情境 4　渐进佳境——网店元素的设计与制作 ··························· 76
　4.1　网店灵魂——网店 Logo 的制作 ·· 76
　4.2　网店招牌——店招的制作 ··· 80
　4.3　如影随形——快速导航条 ··· 83
　4.4　转化之门——主图 ··· 87
　4.5　引流利器——直通车图 ··· 93
　4.6　引爆流量——智钻图 ··· 98

学习情境 5　炉火纯青——广告的设计与制作 ········· 103

5.1 吸睛大法——广告设计 ········· 104
5.2 别出心裁——化妆品广告 ········· 111
5.3 时尚大气——手机广告 ········· 115
5.4 别具一格——果蔬广告 ········· 120
5.5 美轮美奂——香水广告 ········· 125
5.6 匠心独运——年中大促 ········· 132

学习情境 6　登峰造极——网店首页的设计与制作 ········· 142

6.1 流量入口——网店首页 ········· 143
6.2 网店首页制作 ········· 151

学习情境 7　修成正果——详情页的设计与制作 ········· 179

7.1 详情页设计思路 ········· 180
7.2 详情页案例制作 ········· 186

附录　工欲善其事，必先利其器——Photoshop 快捷键 ········· 198

参考文献 ········· 203

学习情境 1　初学涂鸦——网店美工入门

教学目标

▎知识能力目标▎

（1）了解网店装修的重要性。
（2）了解网店装修风格。
（3）掌握规划页面布局的方法。
（4）掌握网店装修步骤。
（5）掌握网店美工级别和任务。
（6）了解网店美工岗位职责和注意事项。

素材

▎思政素养▎

（1）有安全意识，注意安全隐患，学会责任担当。
（2）要有理想和目标。
（3）要做好人生规划。
（4）熟悉网店美工岗位职责。

"人靠衣服马靠鞍"，网店装修得漂亮才能成功地吸引顾客的目光。以下内容将从好装修是流量收割者、好装修是灵魂销售员、好装修是成交转化点三个方面来进行介绍。

1.1　网店装修的重要性

观察如图 1.1 所示的几家店铺，如果你是顾客，看完第一眼后，你会选择去哪一家店铺购买商品呢？

大多数顾客会不约而同地做出如下选择：选择第三家、第四家购买商品。不选择前两家，是因为前两家店铺页面设计普通，而且往往一看到这样的网页，许多顾客会立即关掉，并不想继续浏览。

优秀的网店装修可以吸引顾客浏览、给顾客留下好印象。只有网店装修得漂亮才能吸引顾客，才能为顾客留下好的印象。第一印象会对顾客的认知产生非常大的影响，只有给顾客留下好印象，而且有顾客需求的商品，才能实现成功交易。

网店装修的重要性

图 1.1　四个店铺设计效果

> **思政园地**
>
> 　　无论在哪里都要有安全意识，在学习的时候也要注意。现在的学习工具很多都是电子设备，要注意用电安全；在学校遵守学校的各项规章制度；在实训室上课，要注意实训室的各项要求、安全守则。安全无小事，一定要注意安全，强化制度约束，提升安全意识，学会责任担当。

1.1.1　好装修是流量收割者

　　如图 1.2 所示，对网店进行良好的装修，店铺往往会成为流量"收割机"。不断吸引顾客前来，并在店内进行长时间停留，这也是网店商品销售成功的第一步。

图 1.2　好装修的店铺

下面来看看这几个网店,如果你是顾客,会在这里停留多久呢?

如图 1.3 所示,被称为朴实无华型,这两个网店完全不重视网店装修,毫无设计感,就是最基础的文字型,而且首页用的是最基础的商品自动展示,也没有其他自定义页,完全没有利用店铺的装修功能。这样的店铺给顾客的信任度比较低,顾客的停留时间往往也就几秒。

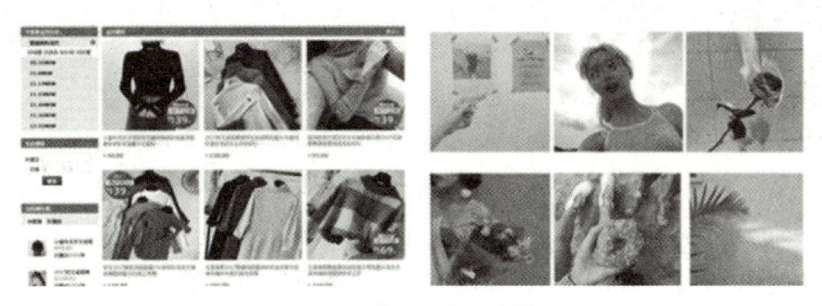

图 1.3　朴实无华型店铺

如图 1.4 所示的这两个店铺,被称为简单粗暴型。当店铺进行促销活动时,想让买家一眼就看到促销活动,但这样做的效果往往适得其反。

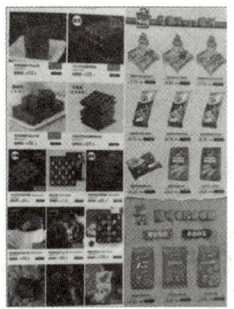

图 1.4　简单粗暴型店铺一　　　　图 1.5　简单粗暴型店铺二

如图 1.5 所示的店铺页面,充斥着各种促销信息、卖点堆砌的图片,这样的设计让人看了不想再停留,更别说购买商品。这类页面类似生活中贴在墙上的小广告(图 1.6)。看起来就像牛皮癣,不仅不能给人以美的享受,甚至会产生厌烦的感觉,顾客肯定不愿意在这样的页面上多停留。当然这样也有一定的效果,但很像龙卷风,通常引来的是一次性顾客。

图 1.6　墙上的小广告

如图 1.7 所示的这类店铺，被称为"无魂山寨型"，这类店铺主图整体还不错，但是感觉没有灵魂，不上档次，会让人感觉商品的质量可能一般，不能对其产生信任感。可以试想一下，看到这样的店铺，继续浏览的欲望大吗？大家肯定会说不，甚至会说浪费流量。

图 1.7 "无魂山寨型"店铺

如图 1.8 所示的这类网店设计，是否有愿意看下去的欲望？这些店铺首先给人以美的享受，顾客浏览网页时不易疲劳，进而会细心查看网页。只有第一步成功了，才有可能促使顾客购买商品。

图 1.8 网店设计

1.1.2 好装修是灵魂销售员

如图 1.9 和图 1.10 所示，网络购物者都是通过文字和图片来了解商品、实现成交的，良好的网店装修能增加用户的信任感，也是提高产品附加值和店铺浏览量的重要手段。

图 1.9 图文并茂一

图 1.10　图文并茂二

如图 1.11 所示，好的网店装修能让顾客从视觉和心理上感觉到店主对店铺的用心，并且能最大限度地提升店铺的形象，有利于网店品牌的形成。

下面是三家精心设计的店铺首页，顾客从店铺首页的装修中便能看出店铺的风格，图 1.12 所示主打白领风格，图 1.13 所示主打少女风格，图 1.14 所示主打运动风格。

图 1.11　好装修的设计　　　　　　　　图 1.12　白领风格

图 1.13　少女风格　　　　　　　　图 1.14　运动风格

总体来说一个好的网店装修，需要能传递出信息。如图 1.15 所示传递女性商品信息，如图 1.16 所示传递出体育、潮流、舒适、洒脱、自由的运动精神。

图 1.15　女性商品　　　　　　　　　　　　图 1.16　运动商品

1.1.3　好装修是成交转化点

卖家经常有这样的问题：为什么流量不错，停留时间还行，但是成交转化率很低，究其原因何在呢？其实在很大程度上，归因于店铺装修设计的问题，即没能成功吸引住买家。

从根本上来讲，转化率低主要有两方面的原因：一是网店装修设计不合理；二是商品未满足顾客需求。因此网店装修对商品的成交转化起着至关重要的作用。

如图 1.17 所示，好的网店装修可以让店铺提升档次，更重要的是将流量吸引到店铺，将不同需求的消费者引导到不同的页面进行转化成交。

如果顾客发现页面引导看着眼花缭乱，且一直看不到自己喜欢的商品，这个时候顾客就会选择放弃，这也是一种失败的店铺装修。如图 1.18 所示店铺设计条理清晰，就能很好地引导买家购买产品。

图 1.17　有档次的装修　　　　　　　　　　图 1.18　装修条理清晰的店铺

总　结

网店装修的意义重大，当打开一个网店的网页时，其装修在很大程度上决定了这次交易成功与否。好的网店装修不仅能够吸引流量，传递网店精神，还能提高成交量，因此网店装修是网店建设中的重中之重，丝毫不能轻视。

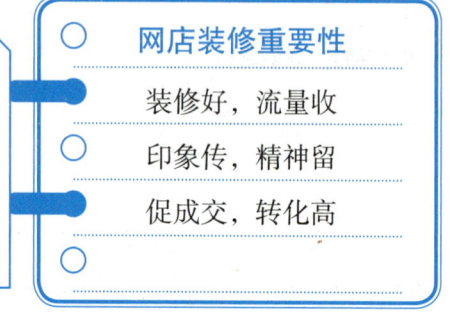

网店装修重要性
- 装修好，流量收
- 印象传，精神留
- 促成交，转化高

1.2 四步搞定网店设计

初学美工的人都会觉得设计是一件非常复杂的工作，其实网店设计也是有一定流程或方法的，用四步便可搞定。

1.2.1 确定装修风格

如图 1.19 所示，网店装修就是通过各种图片、动画以及文字等元素对原本平淡的页面进行美化，让网店变得更加专业和生动、形象。当然在店铺装修前，我们首先要确定销售商品所适合的风格。

图 1.19 有自己风格的装修

风格是指网店的整体形象给浏览者的综合感受，是抽象的。如图 1.20 所示设计风格是优雅、时尚的。如图 1.21 所示设计风格则是高贵、恬静的。

图 1.20 优雅、时尚的装修　　　　图 1.21 高贵、恬静的装修

如图 1.22 所示设计风格是科技、理性、精致的。好的风格设计会提高网店辨识度，很容易被记住，也会直接关系到网店的效益。

图 1.22　科技、理性、精致的装修

确定网店的风格就是确定"整体形象"，如图 1.23 所示主要是确定店名、标志、色彩、文案、标语五部分内容。

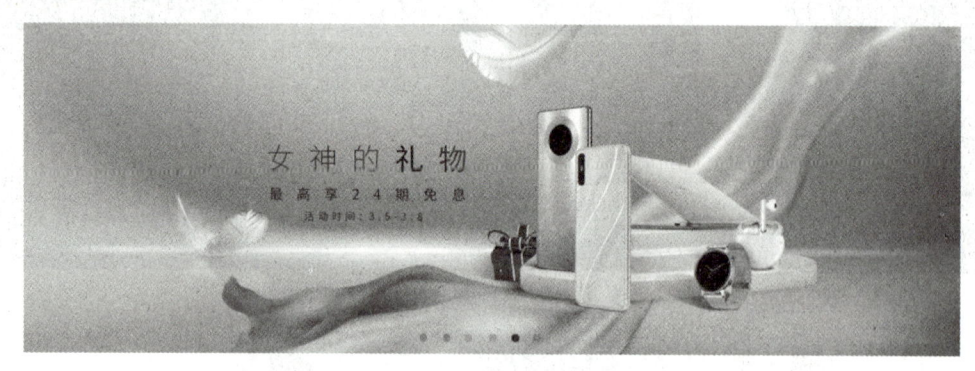

图 1.23　女性的科技产品

1. 取个好听好记的店名

（1）如图 1.24 所示，巧用店主名字的商品类型：有利于买家记住店名，在下次搜索中直接搜索名字就可以找到。在众多网店中，名字是有唯一性的，不会和其他网店重复，这样更有利于网店名的宣传，也可以很好地传达出店铺的主营商品内容。

（2）如图 1.25 所示，巧用字母：有特殊含义，易于识别，印象深刻。除此之外，还可以使用有特殊含义的数字增加吸引力。

图 1.24　取个好听的名字　　　　图 1.25　巧用字母

（3）如图 1.26 所示，加入新颖、精致元素：如已经规划好产品类型可以大胆采用新颖的词汇命名。店铺名称取得新颖，不落俗套，能够让人一目了然，留下深刻印象。

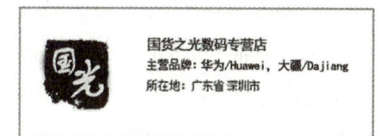

图 1.26　加入新颖、精致元素

2. 设计有灵魂的标志

如图 1.27 所示，网店 Logo 简单地说，就是该店铺的标志。它承载着网店的无形资产，是网店综合信息传递的媒介。

如图 1.28 所示，设计有特点的标志图案就是独一无二的标签，通过形象的标志可以让消费者记住公司主体和品牌文化。

如图 1.29 所示，一般我们会将标志尽可能放在每个页面上最突出的位置，即左上角或者上面，搭配统一的外观，使界面友好且易使用。

图 1.27　有灵魂的标志　　　　图 1.28　有特点的标志

图 1.29　标志位置

3. 确定风格主辅色

色彩搭配是确立网店风格的关键，不同的色彩搭配形成了风格各异的网店，合理的色彩搭配不但可以提高顾客的购买力，还可以提高网店的档次。

要确定网店的主辅色，需要先确定网页主色。主色是指在一个页面中，占用面积最大、最突出也是最直观的颜色。如图1.30所示的网页主色就是黄色。主色调往往根据产品色彩的联想及品牌的主色调来确定。

如果一个页面只有主色会显得单调，为了使页面丰富多彩，使主色更漂亮，就需要确定辅色，辅助颜色只能是辅助，衬托主色，千万不能喧宾夺主。因此，图1.30所示的灰色是辅助颜色。

图1.30 确定主辅色

4. 设计网页的文案

当网店有了名、魂、色之后，就要确定网店的文案了。这里说的文案不仅包括语言文字及其使用字体，更主要是指用于标志、标题、主菜单的特有字体，如图1.31所示。

图1.31 网店文案

如图 1.32 和图 1.33 所示，为了体现网店的"与众不同"和特有风格，网页文案的设计可以根据需要选择一些特殊字体，还可以根据网店需要表达的内涵选择更贴切的字体。但一般情况下，在关键的标题、菜单、图片里使用统一的标准字体。

图 1.32　美工字体一

图 1.33　美工字体二

随着现代生活节奏的加快，人们往往没有时间看大篇幅的文章，为了节约顾客时间，网页文案需要精练的文字来表达信息，如图 1.34 所示。

图 1.34　简洁的文案

如图 1.35 和图 1.36 所示，文案还要满足信息的时效性、准确性、完整性，并且让顾客产生共鸣。

图 1.35　具有时效性、准确性、完整性的文案一

图 1.36　具有时效性、准确性、完整性的文案二

5. 定制宣传语

网店宣传语可以说是网店的精神、主题与中心，或者是网店的目标。如图 1.37 所示的"伙拼 1 天，赚钱 1 年"这句话就是网店宣传语。

如图 1.38 所示，将富有气势的词语、朗朗上口的语句放到比较醒目的位置或者海报里进行对外宣传，比如海报中的"努力到无能为力，奋斗到感动自己，将来的你一定会感谢现在奋斗的自己"，"努力"与"一定会感谢"用红色突出，表明是因果关系，这样一句话就可以收到比较好的效果。

图 1.37　网店宣传语

图 1.38　宣传语

1.2.2　准备素材

当网店名字、标志、颜色、文案、标语确定好了后，风格就基本确定了，接下来，美工就可以根据方案收集素材了。

如图 1.39 所示，任何完美的设计都离不开大量的素材，网店设计也不例外。

如图 1.40 所示，这些素材有的用于模块背景，有的是模特图片，有的是商品图片。

图 1.39　大量素材

图 1.40　各种用途的素材

店铺装修素材图片主要源于两个方面，一是通过拍摄获得产品相关的素材；二是通过网上下载，通常在不涉及版权问题的情况下，利用好网络多搜索、多收集，养成善于收集的好习惯。

1.2.3　规划页面布局

一个网店有很多网页。而网页类型主要有首页、详情页、活动页三种，其实规划布局页面主要指这三种网页。

一个网店的首页相当于一个实体店的门面，其影响不次于一个产品的详情描述页，店铺首页装修的好坏会直接影响客户的购物体验和店铺的转化率。怎么布局、如何规划才有能有一个不错的页面是我们要重点考虑的问题，图 1.41 所示为一个主页的规划图。

13

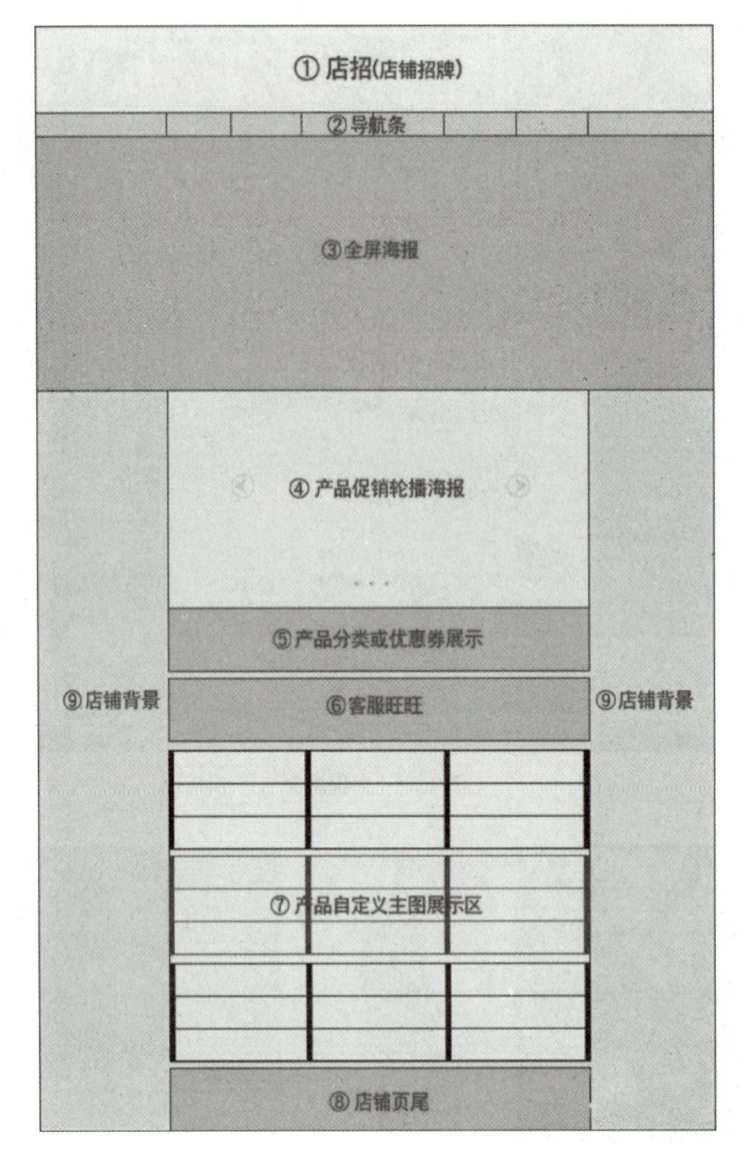

图 1.41　页面规划图

1.2.4　设计网页各部分元素

规划好布局主页后，接下来我们就用诸如 Photoshop、Illustrator、Dreamweaver 等作图软件将布局需要的网页元素制作出来。

如图 1.42 所示，按照规划好的布局添加内容，添加完以后，可以看到一个高端、简约、大气的女装风格，产品多样、时尚，排版布局合理紧凑的华丽主页。

详情页的布局和设计与首页流程是一样的，制作后的详情页效果如图 1.43 所示，后面会有更详细的介绍。

活动页的布局和设计与首页流程也是一样的，设计好的活动页效果如图 1.44 所示。

图 1.42　首页效果图

图 1.43　详情页效果图

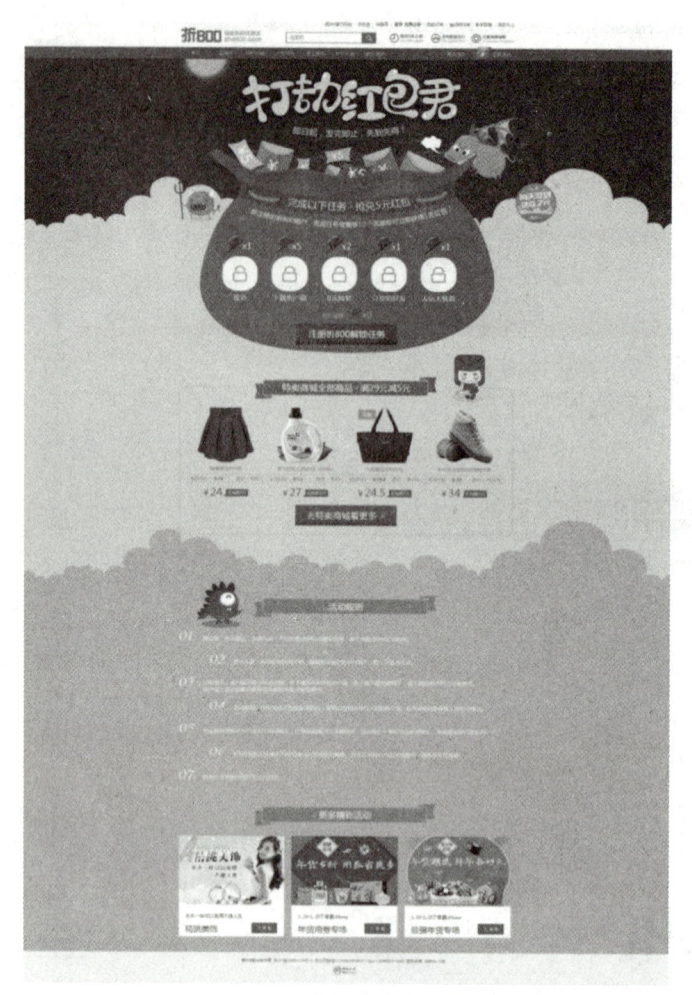

图 1.44　活动页效果图

> **总　结**
>
> 　　网店设计并不复杂，只需按照以下四个步骤：首先，根据主题确定网店风格；其次，按照要求准备设计素材；再次，规划网店布局；最后，制作网店元素。

○ **四步搞定网店设计**
　　定风格
○　备素材
○　划布局
○　做元素

1.3　揭开网店美工神秘面纱

　　一个装修漂亮的网店离不开网店美工的辛苦努力，那么网店美工究竟做哪些具体工作呢？

　　通过下面的方法就能揭开网店美工的神秘面纱。通过搜索引擎查询"网店美工"，就可以搜索到如图1.45所示的职业介绍，了解网店美工的主要工作内容。

揭开网店美工的神秘面纱

收藏 64 24

网店美工（IT业职业） 编辑 讨论

本词条缺少**概述图**，补充相关内容使词条更完整，还能快速升级，赶紧来编辑吧！

网店美工要会网店店铺首页装修，宝贝详情页设计，直通车/钻展图设计，如果会写文案更好，如果会拍照更更好，其实淘宝的视觉也可以做的很上档次，好一点的天猫店的设计也不差的，有些东西你要听运营，但是美感的东西还是要自己去发挥。设计也是为营销服务，也是为卖东西服务的，听运营的，听仓库的理所当然。带有营销的设计是需要有互动思维，要有讲人话的文案，抓眼球的视觉。

图 1.45　网店美工介绍

还可以通过招聘网站查看“网店美工”岗位的需求和技能要求，如图 1.46 所示。同一工作岗位，同一工作区域，为什么月薪从 5000 ～ 10 000 元不等呢?

美工 [广州·荔湾区] 12:09发布
5k~8k 经验3~5年 / 大专
东和茶叶
电商平台,新零售 / 未融资 / 150~500人

1.负责天猫、抖音店铺、商品、品牌整体形象，视觉风格的策划定位和装修设计，并把控促销活动，产品推广专题页面的装修设计，加强营销的视觉效果；2.负责提升单品表现能力，把控商品详情页面文字和图像的设计和优化，并对页面陈列布局，海报进行合理分流，提高转化；3.配合运营……

美工 [上海·长宁区] 2022-01-11
8k~10k·13薪 经验1~3年 / 不限
盒马
消费生活 / 上市公司 / 2000人以上

主要职责：1.负责私域端活动素材的整体设计，各种活动的视觉展现 包括但不限于朋友圈创意9宫格、H5、长图海报等 2.负责策划设计各种促销活动广告海报 3.负责配合营运营销做好推广工作 任职要求：1.大专及以上毕业生，艺术设计相关专业优先；2.精通Photoshop、Dreamweaver、AI各……

淘宝美工 [广州·花都区] 1天前发布
5k~6k·13薪 经验1~3年 / 大专
次元贸易
电商,文娱 I 内容 / 不需要融资 / 少于15人

团队简介：我们是一个小团队，主营动漫手办雕像等正版商品的淘宝销售。 寻找最合适的人选，若无相关工作经验暂不考虑，谢谢理解。 可考虑远程办公。 工作内容：1.负责店铺整体风格设计装修，根据公司每月/周制定的上新和促销计划，对店铺首页及附加页进行网页美化设计；2.负责……

图 1.46　网店美工介绍

查看职位需求信息与工作地点这个页面时，单击进入第一条“职位描述”页面，如图 1.47 所示，就能知道月薪差异大的原因了。

其实，网店美工就和我们以前的学习经历一样，是一级一级提高的过程。

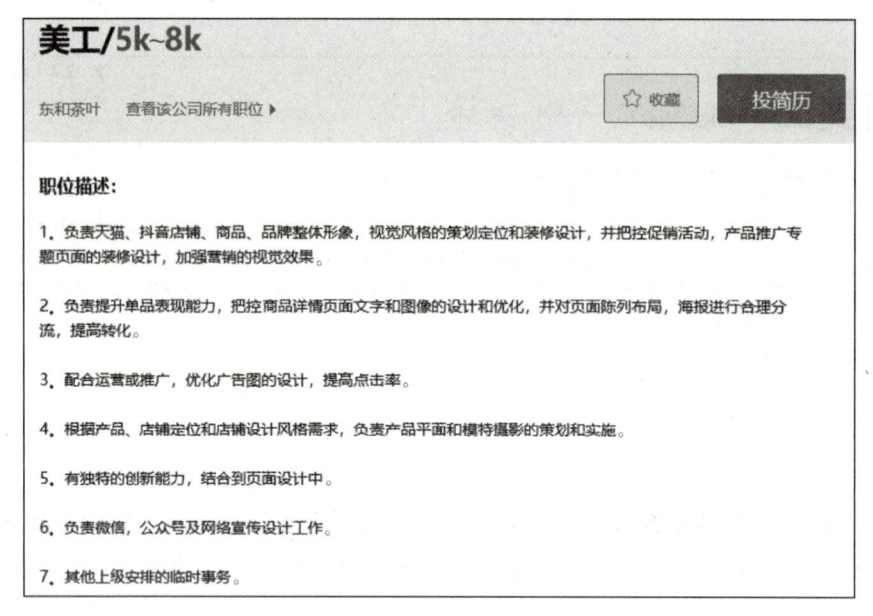

图 1.47 职位描述

网店美工的级别可分为初级、中级、高级、设计总监，分别如图 1.48～图 1.51 所示。

（1）级别：初级
（2）工资：2k～3k
（3）工作经验：无
（4）工作内容：装修店铺、商品修图，商品图片美化、活动广告和相关图的制作。

图 1.48 初级美工

（1）级别：中级
（2）工资：3k～5k
（3）工作经验：1 年以上
（4）工作内容：能单独制作与美化首页广告图片，能设计制作店铺产品的描述页面，打造爆款产品，掌握主页、详情页、活动页的整体布局与制作。

图 1.49 中级美工

（1）级别：高级
（2）工资：6k～10k
（3）工作经验：3年以上
（4）工作内容：客串得了客服，做得了装修，干得了设计，当得了运营。

图 1.50　高级美工

（1）级别：设计总监
（2）工资：10k 以上
（3）工作经验：7年以上
（4）工作内容：能策划，能指挥；懂营销，懂产品；会分析，会审美；知心理，会技术；有创意，能创新。

图 1.51　设计总监

> **思政园地**
>
> **要有理想和目标：** 最终想成为哪一级美工？首先要敢想，保持高度的自信，才能有机会赢。拿破仑曾经说过，凡是决心取胜的人是从来不说"不可能"的。当你认为"不可能"时，大脑思维会把成功通道全部关闭。学习态度也是至关重要的，态度决定高度。高级美工是做出来的，做得多了，经验也就多了，成为高级美工指日可待，说不准通过自己的努力还可能成为设计总监，梦想还是要有的，万一实现了呢！

总　结

通过学习本节内容，我们知道美工也是分级别的，不同级别工资待遇差别还是很大的，网店美工不神秘，工资待遇可以按照经验和技术水平分四级，成为哪级就看自己的努力了，只有敢想敢拼付出努力才能有理想成绩。

○ **揭开网店美工神秘面纱**
- 网店美工不神秘
- 薪资经验分四级
- 成为哪级看努力
- 敢想敢拼才有戏

1.4 网店美工职责及注意事项

通过前面内容的学习,我们对网店装修的重要性、装修的大概过程以及网店美工有了初步的了解,那么网店美工的具体职责是什么呢?

> **拓展阅读**
>
> 下面是××公司网店美工职责的具体要求。
> (1)服从公司指挥,认真执行其工作指令,一切管理行为向公司负责。
> (2)严格遵守公司规章制度,认真履行工作。
> (3)负责公司广告、图片、动画、海报、标志及网页的设计制作。
> (4)认真做好各类信息和资料收集、整理、汇总、归档等工作,为公司旗下各项目的成功开发提供优质素材。
> (5)全面主持设计工作,担任创意核心、设计指导、效果统筹、设计沟通的任务。
> (6)负责公司设计队伍的培养,对部门员工进行有计划的培训和管理。
> (7)负责与各部门的协调工作。
> (8)完成公司交办的其他事务。

网店美工的职责及注意事项

1.4.1 网店美工职责

网店美工的工作范畴包括店铺页面设计与美化、商品详情页设计、图片美化、网页切片等。网店美工的岗位职责主要有以下几个方面。

1. 掌握店铺特色

优秀的网店能给人留下良好的第一印象。目前网店中同一类型的店铺繁多,如果想从众多的店铺中脱颖而出,就必须独具特色。只有展示出自己店铺的特色,才能吸引更多的关注,引导顾客购买,带来效益。所以,美工在美化商品的过程中,创造出属于自己的店铺特色是成功的第一步。

2. 商品的美化

使用相机拍摄出的商品不会直接上传到网店。为了体现商品的效果,商家通常会对商品图片进行美化和修饰。但需要注意的是,网店美工不是单纯地做设计,吸引顾客才是最重要的,因此在使用时应根据产品的拍摄原图进行美化,并适当添加文字和创意来体现产品特色。

3. 店铺的装修与设计

美工不只是将图片处理完成后上传到不同的模块即可,好的美工不但需要掌握基本的技术方法,还要将方法应用到店铺装修中,抓住卖点,促使顾客继续看下去,并通过与前端页面开发代码的结合使用,让店铺花最小的成本取得最好的效果。

4. 页面设计

为了在众多店铺中脱颖而出,网店会不定期举行各种促销活动。这时,优秀的店铺美工需要透彻理解活动意图,通过设计与装修店铺将活动意图传递给买家,让买家了解活动内容、优惠力度,从而提升销量,好的美工在设计时要保证契合活动主题、页面美观。

5. 推广了解与运用

推广就是将自己的产品、服务和技术等内容通过各种渠道让更多的用户了解、接受,从而达到宣传的目的。对网店美工来说,推广主要是通过图片将网店的产品、品牌和服务等信息传达给买家,加深店铺在买家心中的印象,使买家产生对店铺的认同感。由于推广活动、推广手段的不同,网店推广使用的图片规格大小不一,有时文件大小也有很多限制,这就对网店美工人员提出了更多要求,不仅要表达出设计意图,还要体现出产品的价值,文案的编写也要做到让顾客快速理解并产生深刻印象。

1.4.2 初学网店美工注意事项

1. 不能用过于简单的店铺名称

很多卖家觉得简单能让人一目了然,因此店铺名称很简单。虽然"简单就是美",但是在取店名时应该综合买家的搜索习惯,例如,买家在购买游戏点卡,一般都会搜索"游戏卡充值"或是"游戏点卡",如果店铺名称为"游戏快充",是搜索不到这家店铺的,因为快充一般用于电话话费充值。图 1.52 所示店铺名称取得就很好,里面包含两个高频度的搜索关键词"充值"和"游戏点卡"。

图 1.52 好的店铺名称

2. 过于炫目的图片不可取

许多卖家看到别的店铺装修很炫目,到处都是动态图片,然后给自己的店铺也进行类似的设置。其实特效图片并不是越多越好,买家看得多了,容易产生视觉疲劳,就会马上关掉页面。如图 1.53 所示,左图过于炫目,右图则显得更有质感。

图 1.53 过于炫目和清晰图片的比较

3. 不能用容量过大的图片

在互联网上加载大图片需要一定时间，如果商品详情页面的图片在 2 分钟内不能加载完，那么买家会失去耐心，不会再等待。容量大的图片在后期处理成适用于网页的元素时，应该使用 Photoshop 软件中的"切片"工具，裁切成多张小图，如图 1.54 所示。

图 1.54　Photoshop 切图

4. 使用适当数量的颜色

如图 1.55 左图所示，有些店铺的首页配色多达十几种，大面积使用饱和度高的颜色，而且颜色还有没主色与辅色之分，让人看一眼就觉得花花绿绿，好像进了杂货店。因此，店铺首页的颜色不宜过多、过杂，这样看起来画面会比较清爽，如图 1.55 右图所示。

图 1.55　颜色数多与少的比较

5. 商品分类不要过于繁杂

店铺设置商品分类本来就是为了方便买家快速找到需要的商品，如图 1.56 所示，太烦琐和过多的商品分类，无法让买家一目了然，大大影响了店铺的浏览量，也影响了商品的成交。

图 1.56　分类过于繁杂

6. 首页装修不要过于繁杂

有些店铺的首页长度多达 8 屏，店铺装修不像门户类网站装修，图 1.57 所示的首页装修就比较繁杂。虽然长的首页看上去比较有气势，使人感觉店铺很有实力，但买家的购物体验并不一定好；买家在繁杂的页面里较难找到自己想要的商品。所以，并不是所有地方都需要装修，简洁大方的页面更能提升买家的购物体验。

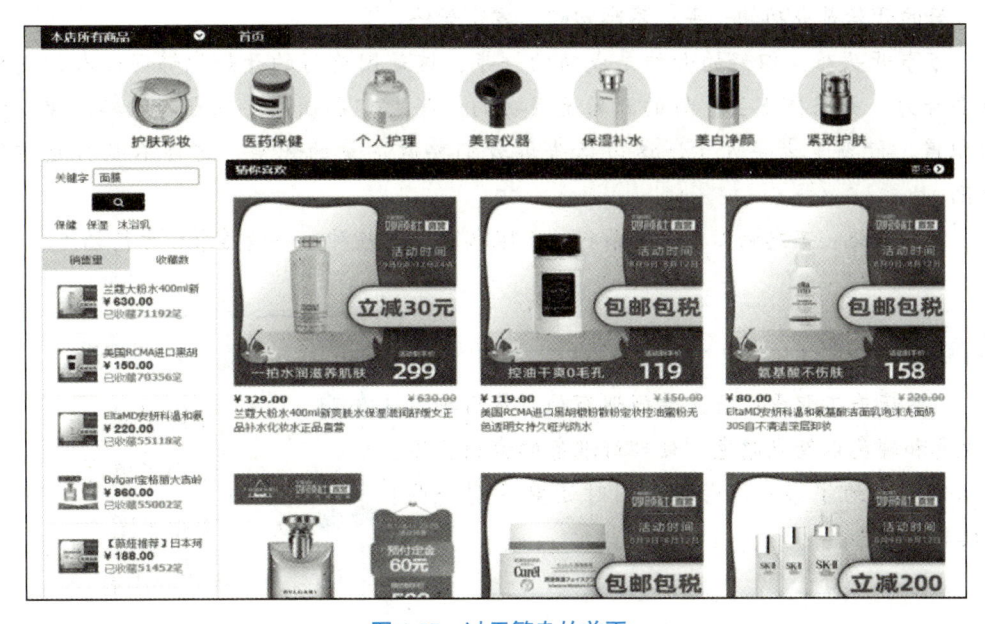

图 1.57　过于繁杂的首页

7. 集中分流优质商品

销售量好的商品应该在首页的活动商品展示区和每款商品详情的促销区多做展示，如图 1.58 所示，这样流量才会集中，商品的销售量也会越来越高。

图 1.58　集中分流优质商品

在实际工作中，网店美工并不需要掌握平面知识、网页设计、摄影、网店运营等所有知识和技术，只需掌握重点、实用的知识和技术即可。

> **思政园地**
>
> 好的开始是成功的一半；不忘初心，方得始终。
>
> 万事开头难，但好的开端是成功的一半，这是因为好的开始能够促使人们更好地去努力，并坚持下去。好的开始是成功的一半也重在强调要从点滴做起，重视量的积累。行百里者半九十，这句话告诉我们要做足量的积累，这样不能引起质的变化。
>
> 时刻谨记：不忘初心，砥砺前行，无限接近工匠精神——精益求精方得始终。

总　结

网店美工职责：首先要规划布局，然后确定主色和辅色以及点睛色，处理好准备的素材，牢记作图是为了推广、营销，同时还要注意一些禁忌。

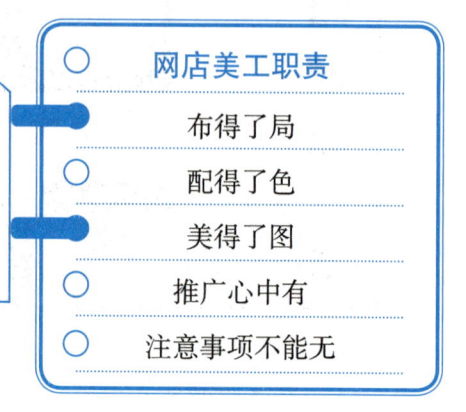

网店美工职责
- 布得了局
- 配得了色
- 美得了图
- 推广心中有
- 注意事项不能无

学习情境 2　摩拳擦掌——设计理念

教学目标

▌知识能力目标▐

（1）了解颜色的属性及分类。
（2）了解颜色的情感。
（3）掌握配色方法及技巧。
（4）掌握构图元素的使用方法。
（5）掌握文字排版技巧。
（6）掌握构图方法。

素材

▌思政素养▐

（1）要具备艺术设计理念。中国文化博大精深，艺术设计理念是对传统文化的吸收和再造。
（2）结合物理学原理，跨学科知识的串联，提升学生学习的广度与深度，激发学生思考和研究的兴趣。
（3）中华民族是有风骨的，激发学生深深的民族自豪感、爱国情怀。

我们通过情境 1 学习了网店美工入门知识，对网店美工有了初步认识。只有了解这些内容，才能知晓以后努力的方向，才能将网店装修得"高端大气上档次，低调奢华有内涵"。

> **思政园地**
>
> **设计理念：** 我国古代的儒家、道家、佛教提出过很多思想精华，嫁接于艺术设计，超越物象，既是艺术设计与文化精神的综合，又是由艺术设计向文化精神的转化。还有中华传统文化中的礼、义、仁、孝等思想传承千年，源远流长，在思想意识层面对现代艺术设计产生着潜移默化的影响。
>
> 具象的行为艺术，如书法、剪纸、篆刻、石窟、蜡染、雕刻、脸谱等，不是简单的文化形式，而是浓缩的历史文化记忆，更是中华民族内在的精神和实质体现，隐含着丰富的思想内容。
>
> 在设计过程中，我们要对中国传统文化中无形的思想文化进行吸收与消化，设计理念必将秉承传统文化的精髓，创造出有形的有深度的设计作品。

2.1 吸睛大法——网店配色

本节将学习三方面内容：色彩属性、色彩分类和色彩的情感表达。图 2.1 所示的设计，最先映入眼帘的是绚丽的色彩，还是画面的细节内容？

图 2.1 全球狂欢节效果图

在欣赏一幅艺术作品时，最先感受到的是它的色彩信息。因此，在艺术设计领域有句话说得好："远看色彩近看花，先看色彩后看花，七分色彩三分花。"这也说明在艺术设计领域中，色彩是刺激视觉神经传达艺术信息的第一要素。

2.1.1 色彩的属性

色彩主要包含色相、饱和度、明度三个属性。

1. 色相

色相是指一种色彩的名称，也是一种色彩区别于另一种色彩的最主要特征。例如紫色、绿色、黄色等都代表了不同的色相。

如图 2.2 所示，常见的 12 色相环、24 色相环图就分别给出了 12 种和 24 种色彩的名称。

网店配色 -1

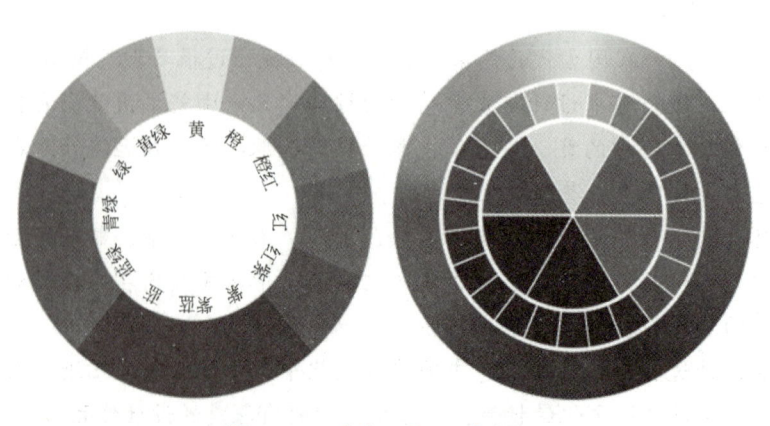

图 2.2 12 色相环与 24 色相环

> **拓展阅读**

白光通过棱镜后被分解成多种颜色逐渐过渡的色谱，颜色依次为红、橙、黄、绿、蓝、靛、紫，这就是可见光谱。其中人眼对红、绿、蓝最为敏感，大多数的颜色可以通过红、绿、蓝三色按照不同的比例合成产生，因此被称为三原色或者三基色。而在色相环中，间隔180°的颜色被称为反相色。这是必记的知识。结合物理学原理，掌握三原色的反相色，跨学科知识串联，可以提升学习的广度与深度。

如图 2.3 所示的这两张图片，是一张图片两个不同色相的体现，展示的色彩效果明显不同。

图 2.3 不同色相的一张图片

2. 饱和度

饱和度是色彩的鲜艳程度，简单地说就是所看到的颜色纯不纯，鲜艳不鲜艳，也就是色彩给人眼的艳丽程度。

比如春天，花草颜色是比较鲜艳的，到了冬天很多都会慢慢枯萎，颜色也变得暗淡无光，这时就可以说它们饱和度下降了。

同样，一盘美食如图 2.4 所示，如果色彩鲜艳会增加我们的食欲，如果色彩暗淡，往往会降低人的食欲。

图 2.4 不同饱和度的食品一

如图 2.5 所示的这两幅图，右边的饱和度高，显得清晰鲜艳。所以，饱和度越高，人更容易识别和辨认。但是，过高或过低的饱和度都会给人不适的感觉。

3. 明度

明度也称亮度，简单地说就是颜色的明亮程度，不同明度给人感觉颜色的亮度不同，明度越大，颜色越亮，如图 2.6 所示。

接下来再看如图 2.7 所示的这两幅图，左边的明度高、亮度高，更容易辨识。实际上，明度也要适中，明度过高或过低的都会让人感觉不适。

图 2.5　不同饱和度的食品二

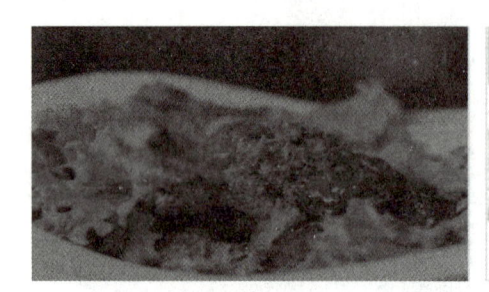

图 2.6　不同亮度的食品

图 2.7　不同亮度的人物

2.1.2　色彩的分类

1. 无彩色系

如图 2.8 所示，无色彩系是指只包含黑色、白色和灰色三种颜色，也称为中性色。

2. 有彩色系

有彩色系是指包含红色、蓝色、黄色等彩色的色系，如图 2.9 所示，一般我们看到的红、橙、黄、绿、青、蓝、紫都是有彩色系。

网店配色 -2

有彩色系的颜色种类繁多，无论是平面广告设计，还是艺术设计，搭配的色调基本上都以有彩色系为主，因为有彩色系能传达更丰富的视觉效果，如图 2.10 所示。

图 2.8　无彩色系图像　　　　　　图 2.9　有彩色系图像

图 2.10　丰富色彩的图像

2.1.3　色彩的情感

1. 色彩的冷暖

色彩有冷暖之分，色彩的冷暖是依据色彩给人们的联想来划分的，红色、橙色、黄色常常使人联想到太阳和火，因此有温暖的感觉；蓝色、青色、紫色常常使人联想到大海、晴空、阴影，因此往往给人有寒冷的感觉。如图 2.11 所示，色相环的左侧部分属于暖色，色相环的右侧部分属于冷色。

2. 色彩的轻重

如图 2.12 所示，色彩轻重与色彩的亮度和饱和度有关。亮度越低，饱和度越高，色彩给人的感觉就越重，反之则感觉色彩越轻。

图 2.11　色彩的冷暖　　　　　　图 2.12　色彩的轻重

3. 色彩的软硬

色彩的软硬感与亮度和饱和度有关。如图 2.13 所示，软色调带给我们明快、柔美、亲切的感觉。亮度高、饱和度低让人感觉色彩柔软。这在女性、儿童类商品设计中尤为常见。

图 2.13　色彩的软硬

4. 色彩的华丽与朴素

色彩的华丽与朴素与色彩的饱和度、亮度有关，凡是饱和度低，亮度低的颜色给人感觉往往比较朴素，而鲜艳明亮的颜色具有华丽感，如图 2.14 所示。

图 2.14　色彩的华丽与朴素

5. 色彩象征意义及人们对色彩的联想

现实生活中，由于时代、地域、历史、文化背景、地位等的差异，人们对色彩的喜好、理解也大有不同，产生了不同的象征意义；而人们看到不同的颜色，也会联想到不同的事物，产生一系列的心理感受。

表 2.1 列举了一些常见的色彩联想意义供大家参考，这里不再赘述。

表 2.1　色彩联想

颜色	象征意义	心理感受
红色	血、夕阳、年货	危险、热情、活泼、喜庆、幸福、吉祥
橙色	食品、秋叶、暖光灯具	温情、积极、华丽、兴奋、甜蜜、快乐、辉煌、快乐
黄色	黄金、柠檬、荧光笔	光明、明朗、愉快、高贵、希望、富足

续表

颜色	象征意义	心理感受
绿色	草木、药品、环保	安全、和平、理想、希望、新鲜、平静、柔和、青春
蓝色	蓝天、大海、科技、男士	忧郁、理想、深远、永恒、沉静、理智、诚实、寒冷
紫色	浪漫、晚礼服、化妆品	优雅、高贵、魅力、自傲
白色	婚纱、医疗用品、餐饮器皿	纯洁、纯真、朴素、神圣、明快
黑色	黑夜、奢侈品、车饰、电脑配件	崇高、坚实、刚健、死亡、黑夜、邪恶、严肃

2.1.4 配色目的

对于网店来说，好的色彩搭配能够起到 3 个方面的作用。

（1）突出重点：通过色彩搭配，将店铺商品要体现的主题内容展示给买家。

（2）统一风格：一个网店往往内容丰富，品种繁多，信息量很大，利用色彩搭配既能保证整个店铺的色调一致，又能根据需要对页面的不同区域进行色彩划分。

（3）引起关注：良好的色彩搭配，会获得客户更多的关注，激发客户的购买欲望，提升店铺的点击率和转化率。

2.1.5 配色技巧

1. 同类色

同类色即选择色相环中相隔在 30° 范围内的两种颜色进行搭配，如图 2.15 左图所示，这种搭配的优点是色调统一，视觉效果比较和谐；缺点是色彩比较单调，有些呆板的感觉。

同类色搭配案例如图 2.15 中图、右图所示，这种搭配常用于家具、棉织品、清新淡雅的服装或中国风类商品，它能给人以宁静、柔和的感觉。

图 2.15　色相环与同类色搭配案例

2. 相近色

相近色搭配即选择色相环中两种相隔在 60° 左右的颜色搭配，如图 2.16 左图所示，相近色搭配案例如图 2.16 中图、右图所示，搭配的优点是色彩协调一致，质感雅致；缺点是单调中性，缺少刺激。

相近色和同类色搭配方式相比，相近色搭配对比更为明显，给人的感觉更加自然和谐一些。

图 2.16　色相环与相近色搭配案例

3. 对比色

对比色搭配即选择色相环中相隔在 120° 左右的两种颜色搭配，如图 2.17 左图所示，对比色搭配案例如图 2.17 中图和右图所示，搭配优点是对比度较强并醒目刺激，缺点是色彩杂乱，容易产生视觉疲劳。

从图 2.17 搭配案例还可以看出，对比色搭配，颜色对比更加明显，视觉冲击更强，但容易产生视觉疲劳。

图 2.17　色相环与对比色搭配案例

4. 反相色

反相色（互补色）搭配即选择色相环中相隔在 180° 左右的两种颜色搭配，如图 2.18 左图所示，互补色搭配案例如图 2.18 中图、右图所示，优点是对比强烈，色彩分明；缺点是互补色搭配，颜色反差最大，视觉冲击最强。

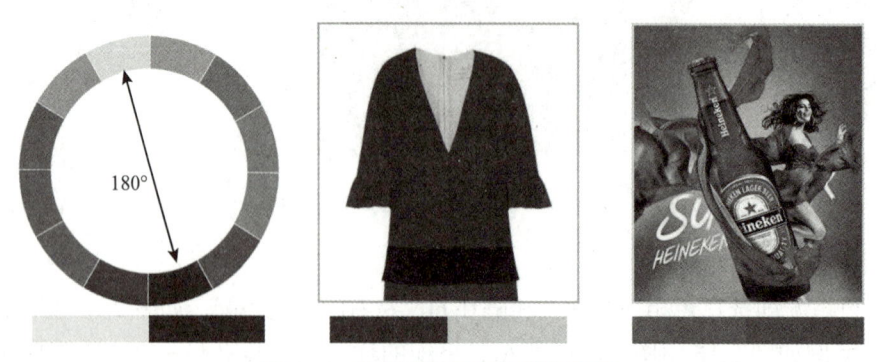

图 2.18　色相环与反相色搭配案例

注意：互补色搭配不当容易引起不适，产生不协调、不安定的心理反应。

2.1.6 配色方法

在实际应用中,一般按照先确定主色调,然后确定辅色调的思路进行搭配。即根据店铺大部分商品的颜色为基色,确定店铺主色调,往往是背景色,以吸引客户的关注为目标。

再借助四种配色搭配技巧进行辅色配置,在进行色彩搭配的时候,还需要注意色彩之间的比例关系。如图2.19所示,色彩搭配的黄金比例,即主色、辅助色与点缀色搭配的比例为70∶25∶5。

图 2.19 配色比例

如图 2.20 所示,为色彩搭配的黄金比例案例。

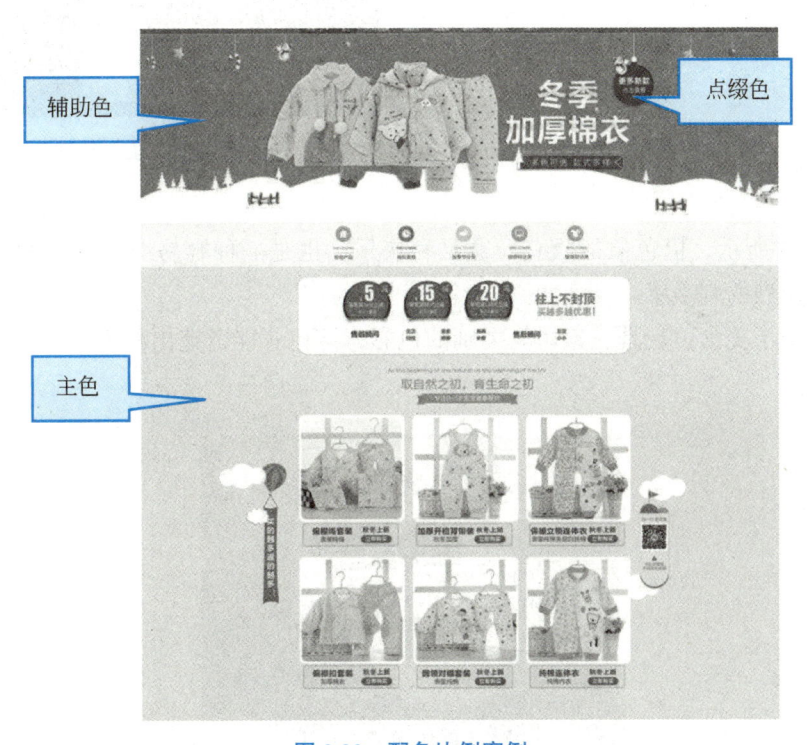

图 2.20 配色比例案例

2.1.7 案例欣赏

下面是几个色彩搭配的案例。设计人员需要多看经典案例,欣赏案例,学习案例,借鉴案例。

1. 白色系

白色是全部可见光均匀混合而成的,称为全光色,是光明的象征色。如图2.21所示,在网店装修中,白色一般和其他色彩搭配运用,往往作为底色(背景色)。

2. 红色系

红色是强有力、喜庆的色彩，具有刺激效果，容易使人产生冲动，给人一种愤怒、热情、活力的感觉。如图 2.22 所示，在网店装修中，红色大多用于醒目的颜色，因为鲜明的红色极容易吸引人们的目光。

图 2.21　白色案例　　　　　　　　图 2.22　红色案例

3. 橙色系

如图 2.23 所示，橙色象征收获、富足和快乐，也是一种容易引起食欲的色彩，但没有红色那么强烈的刺激感。

橙色常用于美食、玩具、家居等类别的色彩，该色彩能营造出积极、美味和充满活力的色彩情感。

图 2.23　橙色案例

4. 绿色系

如图 2.24 所示，绿色往往象征大自然的生机勃勃，给人以健康向上的感觉，因此，绿色常常用于护肤品、儿童用品、保健品、特产等类目的色彩搭配。

5. 蓝色系

蓝色是一种表现冷静和理性的色彩。高饱和度的蓝色会营造出一种整洁轻快的印象，如图 2.25 所示，低饱和度的蓝色会给人一种都市现代派的印象，所以，蓝色系常常用于科技产品的配色。

图 2.24　绿色案例

图 2.25　蓝色案例

总　结

我们在本节里学习了色彩的 2 种分类（即有色系和无色系），3 种属性（饱和度、明度和色相），以及色彩的 4 种情感（冷与暖、轻与重、软与硬、朴素与华丽），4 种色彩搭配的技巧、色彩搭配的基本流程和配色的黄金比例。掌握好这些内容可以为后期的店铺装修奠定基础，同时也会起到画龙点睛的作用。

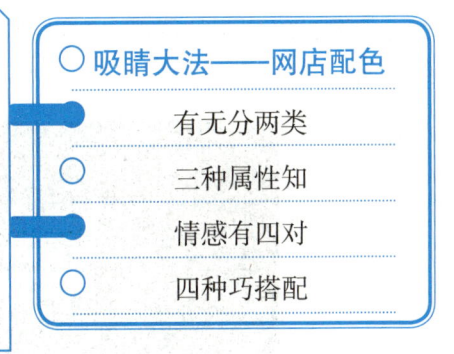

○ 吸睛大法——网店配色

　　有无分两类
○　三种属性知
○　情感有四对
○　四种巧搭配

2.2　风骨之美——构图元素

仔细观察一下图 2.26 所示的图画，大家看到了什么？

大家都会说，看到的就是一望无际的大海、蔚蓝的天空和一缕缕的白云，还有走在沙滩上的一位美女和旁边的一列文字。

这幅图画在普通人眼中产生的感觉往往是"景色美丽，晴空万里"，但是在设计师眼中关注的却是图像构成的基本元素，如图 2.27 所示，即点、线、面和它们之间的关系。

构图元素

图 2.26　夏日之旅

图 2.27　画面结构的组成

如图 2.28 所示的图形，在设计师眼中也只剩下如图 2.29 所示最基础的构成元素点、线、面。

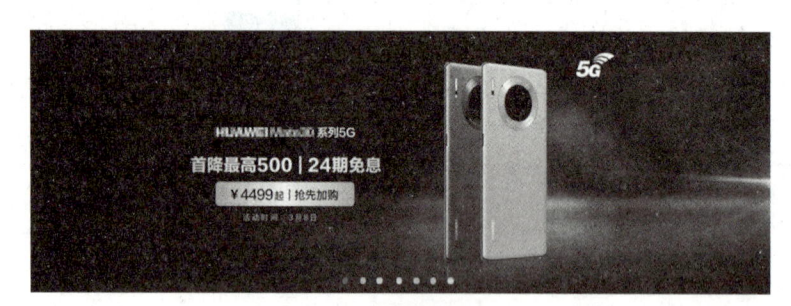

图 2.28　画面的组成

图 2.29　画面的结构

点、线、面是设计的构图基本元素，而对于网店装修而言，只有对构图元素的点、线、面做到灵活应用，且能搭配得恰到好处，才能够用这些元素引导消费者的目光，使买家更准确地理解内容，促进信息的传达，从而达到促进销售的目标。

> **思政园地**
>
> 　　**风骨之美**：点、线、面就是构图的基本元素，也可以说是设计框架、设计风骨，大到一个民族，尤其是一个有着深厚文化底蕴的民族是有风骨的。一个民族的风骨是什么？它是这个民族的灵魂，也是这个民族的生存之本，还是这个民族人民的精神支柱。那中华民族的风骨是什么？中华风骨不仅仅是炎黄子孙不卑不亢的骨气，它还是开拓创新的进取精神，它还是锐意进取的发展观念，它还是寸土不让的坚定信念，它还是一方有难、八方支援的团结意识。

2.2.1 点睛之"点"

点能凝聚视觉，可以使画面布局显得合理、舒适、灵动且富有冲击力，有"画龙点睛"的作用，如图 2.30 所示。

图 2.30　点睛之"点"

设计中的点，有大小、形状及自身功能之分，如圆点、方点、大点、小点；表示位置、表示强调、表示断句、表示数量等。

当页面中有一个点时，它能吸引人的视线，成为视线的集中处。

当出现两个或两个以上相同大小的点时，在点与点之间就会形成一种视觉的连接线，并且一个点会受到另外一个点的影响，如图 2.31 所示。

图 2.31　两点设计

位置不同的点，所产生的感觉也不同，当点居于几何中心时，上下左右空间对称，有视觉的平衡与舒适感，显得更加庄重，如图2.32所示。

图2.32 点在中心

2.2.2 生花之"线"

点移动的轨迹形成了线，线具有长度和位置属性。线在设计中，更多是起到装饰的作用，巧妙设计的线有妙笔生花之功效。

1. 线的分类

线包括有形的线和无形的线。

（1）有形的线是指用眼睛能看到的线，如图2.33左图所示。

（2）无形的线是指用眼睛看不到的线，是以视觉连接两个状态所感知的分界，如图2.33中图和右图所示。

图2.33 有形的线和无形的线一

2. 线的作用

（1）丰富画面，如图2.34所示。

图2.34 丰富画面

（2）引导信息，即通过线条展示出某种特效或者元素，如图2.35所示。

图 2.35　引导信息

（3）分割画面的作用，即通过线条能够区分构图中的不同区域。构图中，元素之间的边界、轮廓就是线条的应用，如图 2.36 所示。

图 2.36　分割画面

3. 线的形状及情感

（1）水平线有开阔、安宁、平静之感，如图 2.37 左图所示。

（2）垂直线有庄严、挺拔、高耸之感，如图 2.37 右图所示。

（3）折线给人一种空间感，同时也有不安全感，如图 2.38 左图所示。

（4）曲线给人柔和有韵律的灵动美，如图 2.38 右图所示。

构图中，线比点和面应用更为灵活，更富有特性和易于变化的特点，且有着不可言传的情感作用。

图 2.37　线的形状一

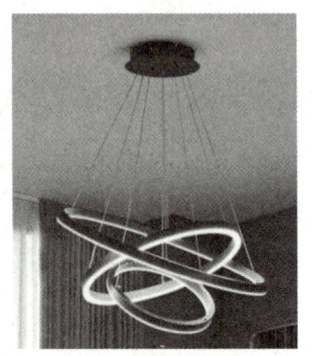

图 2.38 线的形状二

2.2.3 冲击之"面"

面在版面设计中的概念是点的放大、线的推移形成面。面是无数点和线的组合，构图中的面在设计中给人感觉有很强的冲击力，有向四周延伸、广阔无垠的感觉。

面的形式不受限制，如线条清晰的几何图形，如图 2.39 左图所示。自由随意的任意图形，圆润平滑的有机形，如图 2.39 右图所示。

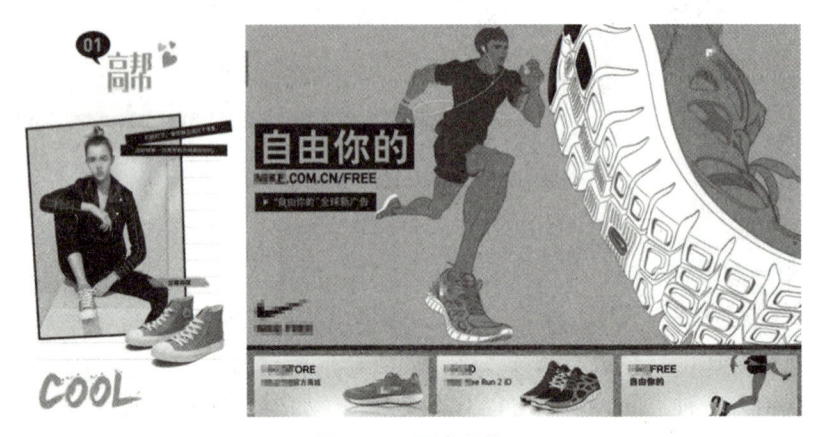

图 2.39 设计形状

在进行电商视觉设计时，往往需要利用面积大小的比例，前后叠压、疏密的位置，来建立良好的主次、强弱的空间关系，如图 2.40 所示。

图 2.40 多面设计

其实，点、线、面理论最大的作用是建立一种思维、推理方式。可以对照优秀作品的设计，从点、线、面三个维度去分析自己的作品，分析缺少哪个层面的元素，以便更好地改进。

在实际构图中，更多时候不是单独设计点、线、面，而是点、线、面中两三种的结合应用。

总　结

通过本节学习，我们了解了点、线、面是设计的构成基本元素，设计好的点犹如画龙点睛的睛，设计妙的线如妙笔生花的花，设计好的面能给人最强的视觉冲击力！

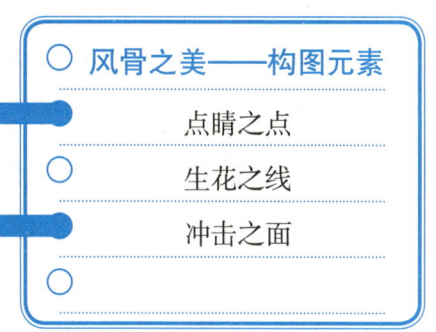

○ 风骨之美——构图元素
- 点睛之点
- 生花之线
- 冲击之面

2.3　布局有方——文字排版

仔细观察一下图 2.41 所示的两幅图片，文字的排版设计有何不同？

图 2.41　文字排版设计

是不是图 2.41 的左图文字很多，哪里都有，看起来很费力气；而图 2.41 的右图虽然文字很多，但是整齐、有条理，能很轻松地抓住重点。

如图 2.42 所示，在设计中，文字除了起到传达信息的作用外，也是一种重要的视觉元素，如果说色彩能使画面变得生动形象，而文字则能增强图像信息传达效果，所以文字的排版在画面空间、结构布局上都是很重要的元素，如何对文字进行设计、排版就显得非常重要。

文字排版

图 2.42　文字传达信息

2.3.1 常用字体

字体就是文字的风格。不同的字体给人的感觉是不同的，比如黑体时尚、厚重抢眼，具有强调的效果，仿宋体虽然比较古板，但会给人一种高大、权威的感觉。

1. 宋体

宋体是店铺页面中使用最广泛的字体，其外形端庄秀美、具有浓厚的文艺气息，适用于正文设计，如图 2.43 所示。

图 2.43　宋体

系统默认的宋体笔画比较纤细，但作为标题分量不足，而方正大标宋不仅具有宋体的秀美，还具有黑体的醒目性，因此经常被用于女性产品的设计。此外，方正大标宋、大宋、书宋、中宋、仿宋等也属于常用宋体。

2. 黑体

黑体字笔画粗细一致、粗壮有力、非常醒目，具有强调的视觉感，如图 2.44 所示，同时，其强烈的商业气息能够满足客户"大"的要求，常用于广告、导航以及商品详情页等大面积使用的文字内容中。

图 2.44　黑体

3. 书法体

书法体包括篆书体、隶书体、行书体、草书体和楷书体这 5 种。如图 2.45 所示，书法体的形式自由多变，顿挫有力，在力量中掺杂着文化气息，常用于书籍类等具有古典气息的店铺中。

图 2.45　书法体

4. 美术体

美术体是指一些特殊的印刷用字体，一般是为了美化排版而使用。美术体的笔画和结构一般都进行了一些形象化处理，常用于海报制作或模板设计的标题部分，若应用得当会有提升艺术品位的效果，如图 2.46 所示。常用的美术字体包括娃娃体、金梅体、汉鼎和文鼎。

图 2.46　美术体

2.3.2　字体的风格搭配

字体风格是指字体设计中所表现出的综合特点。每一种风格都能使观看者产生相应的心理联想，甚至产生情绪波动。选择合适的字体风格不仅可以渲染版面氛围，还便于受众对主题的理解与消化。

1. 男性字体

网店中剃须刀、竞技游戏、足球等商品的消费人群主要为男性，所以设计这些产品的页面时一般使用笔画粗的字体或带棱角的字体，如图 2.47 所示。常用的男性字体有方正粗谭黑简体、造字工坊劲黑、汉仪菱心体简等。

图 2.47　男性字体

2. 女性字体

在鲜花类、珠宝配饰类、女性用品、护肤品、化妆品等以女性消费者为主体的产品设计中，如图 2.48 所示，一般采用纤细秀美、时尚、线条流畅、字形有粗细变化的字体，如宋体、方正纤黑简体、方正兰亭黑简体等。

图 2.48　女性字体

3. 儿童字体

在零食、玩具、童装、卡通漫画等以儿童消费为主体的产品设计中，一般采用活泼、可爱、呆萌、肥圆、调皮的儿童字体，如图 2.49 所示，如汉仪娃娃篆简、方正胖娃简体、方正少儿简体等。

图 2.49　儿童字体

4. 促销字体

促销文案涉及多个行业，重点在于突出促销信息，因此一般采用粗、大、醒目的字体，并配合适当的倾斜、文字变形等特效增加促销效果。一般选择笔画较粗的字体，如黑体、方正粗黑、方正粗谭黑简体等，如图 2.50 所示。

图 2.50　促销字体

2.3.3　文字排版设计

若文字不排版、不加以归类，直接"丢"给顾客，肯定让顾客读起来很费力气，顾客马上会放弃。所以在设计时要注重文字排版，常见有以下六种方式排版。

1. 居左型

居左型的文字排列方式为左对齐，并且在画面的左部，如图 2.51 所示。

图 2.51　居左型字体排版

2. 居中型
居中型的文字排列方式为中对齐，在画面的中部，如图 2.52 所示。

图 2.52　居中型字体排版

3. 居右型
居右型的文字排列方式为右对齐，在画面的右部，如图 2.53 所示。

图 2.53　居右型字体排版

4. 几何型
文字整体外形为几何型，比如矩形、三角形、菱形、矩形等，如图 2.54 所示，这种排版方式最常见。

图 2.54　矩形字体排版

5. 自由型
文字整体外形为自由型，一般常见依附于图形上，如图 2.55 所示。
6. 竖向型
文字排版方式为竖向，如图 2.56 所示，这种排版方式不常见。

图 2.55　自由型排版　　　　　　　　图 2.56　竖向型排版

2.3.4　文字搭配技巧

1. 文字的统一

第一个技巧是文字统一，即在编排文字时，要确保文字的统一性，即文字的字体、字号、大小与颜色等保持一致，让买家有一种和谐关联的感觉，而不显得杂乱无章，如图 2.57 所示。

2. 字体的选用与变化

对广告文案进行排版时，可以选择两三种匹配度较高的字体，这样的字体搭配可以产生最佳的视觉效果。否则，字体过多会产生凌乱的感觉，容易分散买家的注意力，使买家产生视觉疲劳，如图 2.58 所示。

图 2.57　统一的文字排版　　　　　　图 2.58　少于 3 种字体搭配

3. 文字的层次布局

在视觉营销设计中，文案的显示并非简单地堆砌，而是有层次的，如图 2.59 所示，是按重要程度设置文本的显示级别，引导买家浏览文案的顺序，首先映入买家眼帘的应该是作品强调的重点。

图 2.59　层次布局文字

4. 有对比

在进行文字的编排时，可利用字体、粗细、疏密、大小、颜色、底版衬托等对比来设计文本的显示级别，产生丰富多彩的视觉效果，如图 2.60 所示。

图 2.60　有对比的文字

总　结

通过本节的学习，我们了解了文字排版的重要性，字体有很多种，要了解、学习知道每种字体都是有"性格"的，明白字体如何排版，懂得字体搭配技巧，才能使网店设计贴切用户需求，提升网店的风格。

布局有方——文字排版
- 学字体
- 知风格
- 明排版
- 懂搭配

2.4 奇思妙想——构图方法

据数据统计，人们在浏览网站的时候，更多是按照从上到下、从左到右的习惯浏览的。所以，如何对图中的元素进行排版布局，就显得尤为重要。本节将学习在网店装修中的构图方法。

构图方法

2.4.1 中心构图

在画面中心位置安排一个主元素，如商品图片或促销文案。这种构图方式称为中心构图，如图 2.61 所示。

在使用该构图方式时，为了避免画面呆板，通常会使用小面积的形状、线条或装饰元素进行灵活搭配，增强画面的灵动感，如图 2.62 所示。

图 2.61 中心构图

图 2.62 灵活搭配的中心构图

中心构图方式给人稳定、端庄的感觉，适合对称式的构图，可产生中心透视感，如图 2.63 所示。

图 2.63 稳定的中心构图

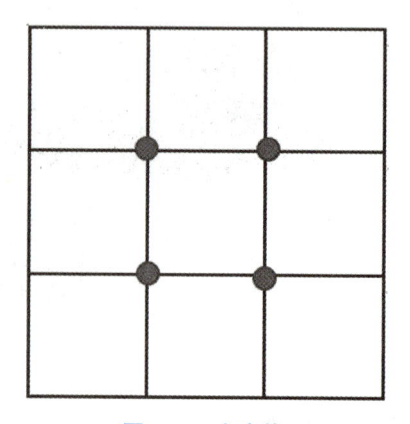

图 2.64 九宫格

2.4.2 九宫格构图

九宫格构图是指将网格平均分成 9 个格子，在 4 个交叉点，选择一个点或者两个点作为画面的主物体位置，如图 2.64 所示。

如图 2.65 所示，该构图方式具有变化与动感，是常用的九宫格构图。

48

图 2.65　九宫格构图

2.4.3　对角线构图

对角线构图是指画面主体居于画面的斜对角位置，能够更好地呈现主体的立体效果，画面有立体感，如图 2.66 左图所示。

与中心点构图方式相比，该构图方式打破了平衡，具有活泼生动的特点，如图 2.66 右图所示。

图 2.66　对角线构图一

图 2.67 所示也是对角线构图。左边是文字，右边是产品图，中间用对角线将两部分隔开，区域划分明显，形式新颖，不呆板。

图 2.67　对角线构图二

2.4.4 三角构图

三角构图就是以 3 个视觉中心为元素的主要位置,形成一个稳定的三角形,如图 2.68 所示。

三角构图具有安定、均衡但不失灵活的特点。因为三角形在图形中是最稳定的结构,三角形既可以是正三角形也可以是斜三角形或倒三角形,其中斜三角较为常用,也较为灵活,图 2.69 所示为倒三角构图。

图 2.68　三角构图

图 2.69　倒三角构图

2.4.5 黄金分割构图

黄金分割构图是指将画面一分为二,其中比较大的部分与较小的部分之比等于整体与较大部分之比,其比值为 1∶0.618,如图 2.70 所示。

图 2.70　黄金分割构图 1

1∶0.618 是公认的最具美学价值的比例,具有艺术性与和谐性,图 2.71 也是黄金分割构图。

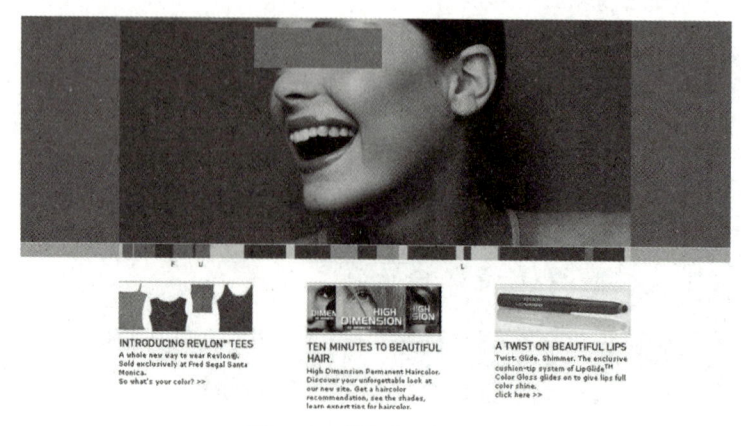

图 2.71　黄金分割构图 2

总 结

本节我们学习了 5 种构图方法，可以将其归纳如下：一点采用中心构图，二点采用对角线构图，三点采用三角构图，四点采用九宫格构图，如果想要不对称美，可采用黄金分割构图。

奇思妙想——构图方法

- 一点：中心
- 二点：对角
- 三点：三角
- 四点：九宫格
- 两面：黄金分割

学习情境 3　勤学苦练——网店装修基本技能

教学目标

知识能力目标

（1）了解拍摄商品的工具及注意事项。
（2）掌握拍摄商品的基本方法。
（3）熟练掌握各种选择工具以及自由变换工具的使用。
（4）熟练掌握选区的变换操作。
（5）熟练掌握填充工具的使用。
（6）掌握各种修复、修补工具的使用。
（7）掌握文字工具的使用。
（8）掌握各种绘图工具的使用。
（9）熟练掌握钢笔工具的使用。
（10）掌握羽化的使用技巧。

素材

思政素养

（1）树立成功没有捷径，只有勤学苦练的观念。
（2）学习法律知识，提升法律意识，合法利用专业技能，提升职业道德。
（3）学习中国传统文化，深化爱国主义教育。
（4）倡导文明上网，拒绝网络暴力。

> **思政园地**
>
> 　　2013 年，习近平总书记在讲话中提到："立足本职、埋头苦干，从自身做起，从点滴做起，用勤劳的双手、一流的业绩成就属于自己的人生精彩。"成功没有捷径，只有勤学苦练。

　　在购物的过程中，往往越美观的图片或者视频越具有吸引力，一幅有视觉冲击力的高品质商品图片或视频能够提升店铺的整体视觉效果，会影响买家对商品的认知和购买转化，直接影响商品的销量，因此，网店商品拍摄的重要性不言而喻。

3.1 现出原形——拍摄图片和视频

3.1.1 拍摄前的准备工作

1. 认识单反相机

工欲善其事必先利其器,这里的"器"就是如图 3.1 所示的单反相机。它是专业级的数码相机,是目前网店商品拍摄最常用的相机,属于数码相机中的高端产品,能拍出清晰、高质量的商品图片。

拍摄图片和视频

2. 相机的使用

采用正确的姿势持机不仅能够让我们顺利完成拍摄,而且会极大地影响所拍照片的质量。为了防止出现手抖动,应该掌握正确的持机方法,一般情况有两种握法,一种是横向握法,如图 3.2 所示;另一种是纵向握法,如图 3.3 所示。

图 3.1 单反相机 　　　　图 3.2 横向握法 　　　　图 3.3 纵向握法

3. 拍摄商品图片要求

网店商品图片的基本特征和要求,注意以下 5 点。

(1)清晰干净的主体物:保证拍摄商品的干净与整洁是拍摄的前提,拍摄前需要先擦拭商品,保证商品表面没有污迹或指纹,如图 3.4 左图所示。

(2)商品照片的颜色一定要正确,不能失真,大小适中,如图 3.4 中图所示。

图 3.4 清晰干净的图片组

(3)网店商品图片常用的背景色有 3 种,即黑、白、灰,如图 3.4 右图所示。

(4)多角度与细节的展示:选择不同的角度进行拍摄,比如正面、反面、侧面等,还应拍摄商品的部分图像来展示细节,卖家通常会选用一张最清晰、角度最好并且是正面的图片作为主图放在网上供买家浏览,如图 3.5 左图所示。

（5）商品拍摄时，可通过添加一些背景的点缀来烘托氛围。摆放多件商品时，不仅要考虑造型的美感，还要符合构图的合理性。此时，可采用有序列和疏密相间的摆放方式，既能使画面显得饱满丰富，又不失节奏感与韵律感，如图 3.5 所示的图片组。

图 3.5　背景图及多件商品摆放图

3.1.2　拍摄构图技巧

在日常的电商交易中，买家对商品的第一印象非常重要。要展示一件精美的商品，就需要有一定的构图技巧。常见有以下 6 种构图方法。

1. 九宫格构图

九宫格构图是比较常用的，如图 3.6 所示，该构图方法属于黄金分割式构图的一种形式。九宫格构图中将被摄主体或重要景物放在"九宫格"交叉点的位置上。"井"字的四个交叉点就是主体的最佳位置。在选择构图方位时，右上方的交叉点最为理想，其次为右下方的交叉点。

2. 三分法构图

三分法构图如图 3.7 所示。此构图是指把画面横竖分为三等份，每一份中心都可放置主体形态，这种构图适宜多形态平行焦点的主体。也可表现大空间、小对象，该构图方式表现鲜明，构图简练。

图 3.6　九宫格构图　　　　图 3.7　三分法构图

3. 十字形构图

十字形构图就是把画面分成四份，也就是通过画面中心画横竖两条线，中心交叉点是安放主体位置的，如图 3.8 所示，此种构图，能使画面增加安全感、和平感和庄重感。在商品拍摄过程中，该构图方法适宜表现对称式构图，如表现家具类商品、人像等，可产生中心透视效果。

4. 竖式构图

竖式构图是商品呈竖向放置和竖向排列的竖幅构图方式，如图 3.9 所示，这种构图能使画面产生坚强、庄严、有力的感觉，也能表现出商品的高挑、秀朗。常用于长条的或者竖立的商品。

图 3.8　十字形构图　　　　　　图 3.9　竖式构图

5. 斜线构图

斜线构图是商品斜向摆放的构图方式，如图 3.10 所示，其特点是富有动感，个性突出，对于表现造型、色彩或者理念等较为突出的商品，常用来表现商品的运动、流动、倾斜、动荡、失衡、一泻千里等场景，在商品构图中斜线构图方式也较为常用。

6. 疏密相间构图

疏密相间构图是指在同一个画面中摆放多个物体进行拍摄。如图 3.11 所示，多个小瓶可以放置成"心"形，不是让多个小瓶放置在同一平面，而是使它们错落有致，疏密相间，让画面在紧凑的同时，还能够主次分明。

图 3.10　斜线构图　　　　　　图 3.11　疏密相间构图

3.1.3　拍摄商品图片

1. 拍摄商品环境

拍摄商品环境可以分为以下三种，如图 3.12 所示。

（1）小件商品适合在单纯的环境里进行拍摄，如图3.12左图所示。

（2）大件商品的室内拍摄环境：尽量选择整洁且单色的背景，拍摄的照片中最好不要出现其他不相关的物体，如图3.12中图所示。

（3）大件商品的外景拍摄：主要选择风景优美的环境来作为背景，并通过自然光加反光板补光的方式进行拍摄，如图3.12右图所示。

图3.12　拍摄商品环境

2. 拍摄吸光类商品图片

吸光类商品具有粗糙的表面结构，如皮毛、棉麻制品、雕刻等，它们的质地或软或硬，表面粗糙不光滑，吸光类商品可以分为全吸光和半吸光。

（1）全吸光类商品：拍摄时可用稍硬的光照明，照射方位要以侧光、侧逆光为主，照射角度宜低，如图3.13所示。

图3.13　全吸光类商品拍摄

（2）半吸光类商品：半吸光类物体的布光主要以侧光、顺光、侧顺光为主，灯光的照射角度不宜太高，这样才能拍摄出具有视觉层次和色彩表现的照片，如图3.14所示。

图3.14　半吸光类商品拍摄

3. 拍摄反光类商品图片

反光类商品是指表面光滑、色彩艳丽，美观度高的商品，如图 3.15 所示的漆皮鞋，以及上釉后的瓷碗、瓷盘或花瓶等器物，在拍摄时候不要使用闪光灯，否则会出现曝光的现象。

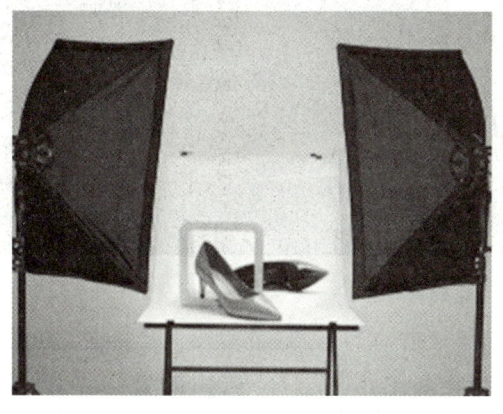

图 3.15　反光类商品拍摄

4. 拍摄半透明材料的产品或者玻璃制品商品图片

透明体和半透明体光滑而通透，在表现其质感时需面对三个问题，一是表现商品的通透度；二是表现其造型的细节；三是商品材质的肌理。这类商品拍摄技巧是善用逆光，侧逆光为主。如图 3.16 所示，若光线从拍摄对象侧面投射，极易表现出被摄物的透明感。另外，增加曝光更能体现透明感。

图 3.16　半透明或者玻璃制品

3.1.4　拍摄视频

很多卖家也经常拍摄商品的视频来展示商品，在拍摄视频的时候注意以下几点。

（1）尽量保持画面稳定。

（2）尽量保持画面水平。

（3）外拍时有些不固定因素比如光线、背景等，注意拍摄时间的把握。

（4）有个别的商品可以使用独特的拍摄视角会更好。

下面欣赏一下天猫平台一款面霜的拍摄视频，如图 3.17 所示的是其中的两张截图，从探寻菁纯面霜开始，开启传奇溯源之旅，揭秘其研发中心，展示菁纯面霜功效，从四部分内容进行制作，使顾客了解、熟悉、见效、信任，达到最后转化为购买的效果。

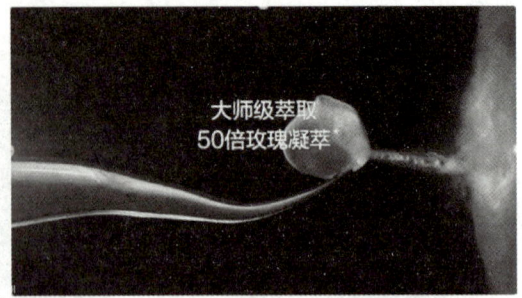

图 3.17 视频截图

总 结

网店传递重要的信息主要是靠商品图片及文字，所以商品的拍摄非常重要，需要做好一系列的准备工作，比如准备产品、备光、选景，还要掌握一定的拍摄技巧等。在拍摄商品图片的时候要注意产品的特点，可以多角度、多细节进行拍摄，当然个别解决不了的问题，可以借助 Photoshop 工具进行修改和美化，具体如何美化修图可以参考后面学习内容。

- 现出原形——拍摄商品图片和视频
- 准备工作不可少
- 拍摄技巧需学好
- 先备光照后选景
- 角度多来细节找
- 神韵气质抓特点
- 修图不误多余剪

3.2 打造完美无瑕的商品——修图

作为商家，如何留住客户是运营中永久的话题。图片是网店的灵魂，要想将网店做好，不仅需要过硬的拍照技术，还需要对图片进行后期处理，因为好的图片可以提高交易的成功率。

打造完美无瑕的商品——修图

思政园地

Photoshop 修图和调色功能是很强大的，可以说是修图界的"巨人"，你能想到的都可以实现，不管是修图还是制作照片，而且操作简单。但是功能再强大，再无所不能，也要合理使用专业技能，尤其是电商商品修图更要实事求是，如果修图或者调色和商品本身不符，会引起买家差评、退货或者投诉，会给店铺造成信誉损失，引起很大的麻烦。

因此合理使用专业技能，学习法律知识，提升法律意识，提升职业道德变得非常重要。

3.2.1 裁剪矫正图像

1. 提出任务

淘宝、天猫、京东不同的平台、不同模块有不同的尺寸要求，拍摄好的图片如果尺寸不合适，无法上传，如图3.18左图所示，而图3.18右图则是倾斜的，也影响视觉，且不美观。

图 3.18　修复前的图像

2. 分析任务

对于大小不合适的图像，可以利用【裁剪工具】将其裁剪成所需的大小，对于倾斜的图像可以利用裁剪工具选项栏里面的"拉直"选项来矫正。

3. 解决任务

步骤1：首先打开素材文件夹"3 勤学苦练\3.2 学习任务"的"裁剪.jpg"和"倾斜.jpg"文件，如图3.18所示。

步骤2：先选择"裁剪.jpg"文件，选择工具箱中的【矩形选框工具】，在选项栏的【样式】中选择【固定大小】，然后设置宽度、高度都为"800像素"。建立一个固定大小的选区，如图3.19所示。

图 3.19　选项工具栏

步骤3：在如图3.20左图所示的位置单击，将出现一个矩形选区，还可以按照需要调整到想要的位置。

图 3.20　裁剪图像位置及裁剪后的大小

步骤 4：选择工具箱中的【裁剪工具】，如图 3.20 右图所示。然后按两次 Enter 键。就将图像裁剪成想要的大小了。

步骤 5：选择"倾斜.jpg"文件，选择工具箱中的【裁剪工具】，然后选择工具选项栏中的【拉直】按钮，如图 3.21 所示。

图 3.21　选项工具栏

步骤 6：沿着饮料瓶的瓶身方向，如图 3.22 左图所示，拉出一条直线，然后按 Enter 键，就将倾斜的图像矫正过来了，如图 3.22 右图所示。

图 3.22　矫正倾斜的图像

秘籍一点通：【矩形选框工具】选择要裁剪图像的范围，可以选取任意大小也可以固定大小进行裁剪，任意大小：在选项栏的【样式】里选择【正常】；固定大小：在选项栏的【样式】里选择【固定大小】，然后输入宽度和高度就可以建立一个固定大小的选区。

3.2.2　质感不强或者不聚焦的产品图像

1. 提出任务

如图 3.23 所示的产品图像，产品不聚焦，质感不强，有些模糊。如何处理这样的商品图像？

2. 分析任务

对于这样的图像，可以利用【锐化工具】，还可以利用【滤镜】菜单里面的【锐化】/【USM 锐化…】工具。这两个工具可以聚焦软边缘，提高图像清晰度或聚焦程度，从而使图像的边界更加清晰，图像质感更强。

3. 解决任务

步骤 1：首先打开素材文件夹的"3 勤学苦练\3.2 学习任务\锐化.jpg"文件，如图 3.23 所示。

步骤 2：选择工具箱中的【锐化工具】，在选项栏的【强度】中选择"50%"，然后在图像上拖动鼠标进行涂抹，直到满意效果为止。锐化后的图像如图 3.24 所示，提高了产品图的清晰度以及聚焦程度，从而使图像的边界更加清晰，更符合产品本身的质感。

图 3.23　产品不聚焦　　　　　　　图 3.24　锐化后产品图像

3.2.3　产品不突出的产品图像

1. 提出任务

在一定的环境下拍摄的商品图片，背景或者其他装饰元素会产生喧宾夺主的现象。如图 3.25 左图所示的产品图可能会让买家产生疑惑，卖的产品到底是玩具熊还是毛巾？遇到这样的问题该如何处理？

图 3.25　模糊前后产品图像对比图

2. 分析任务

针对此类问题，可以利用【模糊工具】对背景或其他不重要的元素进行模糊处理，将产品图突显出来。

3. 解决任务

步骤 1：首先打开素材文件夹的"3 勤学苦练\3.2 学习任务\锐化.jpg"文件，如图 3.25 左图所示。

步骤 2：选择工具箱中的【模糊工具】，在选项栏的【强度】中选择"50%"，将小熊及背景图像处进行涂抹，直到卖家的产品毛巾清晰地突显出来为止。

3.2.4　有污渍的产品图像

1. 提出任务

如图 3.26 左图所示，拍摄的商品图片上很可能因为商品本身有污渍或者拍摄环境不当，而有其他物品的影子、杂点等。针对这样的问题，该如何处理？

2. 分析任务

针对上述问题可以利用【污点修复画笔工具】【修复工具】【内容感知移动工具】中的一种或者几种工具根据产品的特点进行修复，使其变得干净无瑕疵。

图 3.26　模糊前后产品图像对比图

3. 解决任务

步骤 1：首先打开素材文件夹的"3 勤学苦练\3.2 学习任务\污点修复.jpg"文件，如图 3.26 左图所示。

步骤 2：选择工具箱中的【污点修复画笔工具】，在人物有污点处单击，根据具体情况可以多次单击直到污点消失为止，修复好的产品图如图 3.26 右图所示。

总　结

通过本节的学习，我们可以利用 Photoshop 修复图像工具以及技术方法，将产品变得更合适更诱人，而且很突出，完美无瑕疵。一定要处理好网店的商品图片，好的图片可以提高店铺的成交量。

○ 打造完美无瑕的商品
- 合适
- 诱人
- 突出
- 无瑕

3.3　你本来就很美——调色

色彩在商品图片中起着至关重要的作用，在商品图片的拍摄过程中，经常由于天气、灯光、器材、技术等诸多问题，导致拍摄的商品照片不理想，此时就需要调色，让图片更加清晰亮丽，甚至鲜艳夺目。

拓展阅读

红色是中华民族最喜爱的颜色，是我国国旗的颜色。中国人过年一定要有代表喜庆的红色，比如中国结、春联、窗花等。中国红已经成为中国的象征，孟晚舟乘坐的中国政府包机抵达深圳宝安国际机场发表感言称，"有五星红旗的地方，就有信念的灯塔，如果信念有颜色，那一定是中国红！"

红色在不同的时代不同的国家都有不同的含义，比如红色在西方国家象征牺牲、死亡，因此多了解颜色知识，在设计时才不会犯错误。

3.3.1 提高亮度

1. 提出任务

观察如图 3.27 左图所示的商品，商品颜色存在的问题是亮度不够、有点偏暗，导致这种情况的原因多数是因为拍摄的环境不够明亮。

调色 1

图 3.27 调整前后产品图像的对比

2. 分析任务

针对图像亮度不够、整体偏暗这类问题，在处理时可直接使用【色阶】命令调整图像的明暗程度，但调整时要注意不要太过偏离商品的原始色彩，否则买家收到商品后，会认为色差太大给予差评，造成店铺信誉的损失。

3. 解决任务

步骤 1：首先打开素材文件夹"3 勤学苦练\3.3 学习任务\暗色.jpg"文件，如图 3.27 左图所示。

步骤 2：按 Ctrl+L 组合键打开【色阶】对话框，按照如图 3.28 所示的参数进行调整。

步骤 3：按 Ctrl+M 组合键打开【曲线】对话框，增加明暗对比度，暗调降低一些，亮调（高光区）调高一些，这样产品看起来更有质感、更上档次。调整参考如图 3.29 所示。调整最终的效果图如图 3.27 右图所示。

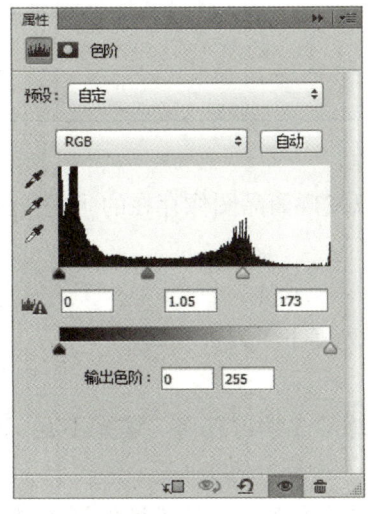

图 3.28 【色阶】对话框　　图 3.29 【曲线】对话框

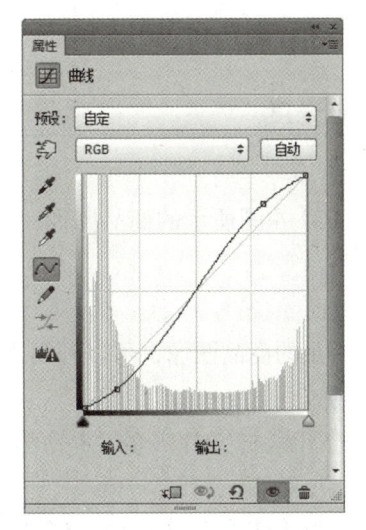

秘籍一点通：【色阶】对话框左、中、右滑块是调整图像的暗调、中间调和亮调区，滑块向左相应的图像区域变亮，滑块向右相应的图像区域变暗。

3.3.2 提高对比度

1. 提出任务

观察如图 3.30 左图所示的商品图，商品图像颜色偏暗、明暗对比也偏弱，商品图像不够出色，遇到这样的商品图该如何处理呢？

2. 分析任务

针对上述问题的商品图像，可以用【亮度/对比度】命令来调整，注意，明暗对比适可而止，不能太高，太高会导致暗部细节丢失或者高光溢出。

调色 2

3. 解决任务

步骤 1：打开素材文件夹的"3 勤学苦练\3.3 学习任务\商品 2.jpg"文件，如图 3.30 左图所示。

步骤 2：选择【亮度/对比度】工具，将亮度和对比度滑块拖动到如图 3.31 所示的位置。经过调整后的产品图像如图 3.30 右图所示，图像不再黯淡无光，而是非常清晰并且有层次，恢复了商品本来的面貌。

图 3.30 调整前后产品图像的对比　　　　图 3.31 【亮度/对比度】对话框

3.3.3 提高曝光度

1. 提出任务

观察如图 3.32 左图所示的商品图像，可以发现商品图像存在的问题：颜色整体偏暗，明显曝光度不足。

2. 分析任务

针对曝光不足的商品图像，可以利用【曝光度】工具进行调整。

3. 解决任务

步骤 1：打开素材文件夹的"3 勤学苦练\3.3 学习任务\曝光不足.jpg"文件，如图 3.32 左图所示。

步骤 2：选择【图像】/【调整】/【曝光度】命令，具体参数的调整如图 3.33 所示的

【曝光度】对话框，设置好参数后，单击【确定】按钮，如图3.32右图所示，可以看到商品图片变得非常清晰，画面细节体现完美。

图3.32 调整前后产品图像的对比

图3.33 【曝光度】对话框

3.3.4 提高饱和度

1. 提出任务

观察如图3.34左图所示的商品图像，清晰度还可以，可能因为灯光的原因，颜色比实际商品的颜色浅且暗淡。

2. 分析任务

针对上述问题的商品图像，可以用【色相/饱和度】命令来调整商品的颜色，提高饱和度，增加产品颜色，使其更鲜艳。

3. 解决任务

步骤1：打开素材文件夹的"3 勤学苦练\3.3 学习任务\沙发.jpg"文件，如图3.34左图所示。

步骤2：按Ctrl+U组合键，打开【色相/饱和度】对话框，具体参数的调整如图3.35所示，将【饱和度】的值提高到"37"，观察如图3.34右图所示产品图像的颜色变化，商品图像质量得到了提高，颜色更加鲜艳和出众。注意饱和度值调到合适大小，尽量与产品本身颜色一致。

图3.34 调整前后产品图像对比

图3.35 【色相/饱和度】对话框

总　结

你本来就很美——调色1：如果只调整图像明暗可以用色阶，注意色阶的滑块向左调整变明亮，向右调整则变黑暗。朦胧的产品图是因为对比不强，可以用曲线调整，通过降低暗调，提高亮调，增加产品的对比度，以此提高质感和层次感。颜色不鲜艳、较浅的产品图需要提高饱和度。

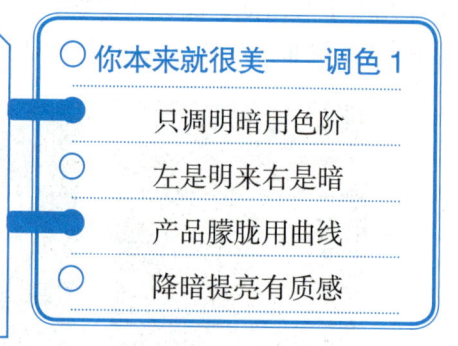

○ **你本来就很美——调色1**

○ 只调明暗用色阶

○ 左是明来右是暗

○ 产品朦胧用曲线

○ 降暗提亮有质感

3.3.5 提高清晰度

1. 提出任务

有时候，商品本身颜色和背景颜色非常接近，甚至是同一色系，以至于商品图不清晰。遇到此类商品图像该如何解决呢？

2. 分析任务

针对上述问题的商品图片，可以用图层混合模式来调整，具体方法是先复制一个图层，然后利用图层混合模式中的【正片叠底】来调整。

3. 解决任务

步骤1：打开素材文件夹的"3 勤学苦练\3.3 学习任务\提高清晰度.jpg"文件，如图3.36左图所示。

步骤2：按Ctrl+J组合键，复制图层，然后选择图层混合模式里面的【正片叠底】，通过调整前后的对比，如图3.36右图所示，商品图清晰很多。

图3.36　正片叠底调整前后的对比图

3.3.6 降低对比度

1. 提出任务

万事都讲恰到好处，过犹不及。图片颜色的对比度也是如此，不能太弱，也不能太强，但如果对比度过强，可以用下面的方法进行调整。

2. 分析任务

观察如图3.37左图所示的商品图片，明暗反差太大，商品明、暗部分的细节就变得不清晰了。针对此类问题的商品图片可以通过曲线，分别提高阴影区、降低高光区的亮度。

3. 解决任务

步骤1：打开素材文件夹的"3 勤学苦练\3.3 学习任务\再现细节.jpg"文件，如图3.37左图所示。

步骤2：可以利用【曲线】工具，将暗调变亮，亮调变暗，具体参数设置如图3.38所示。调整后的产品图细节如图3.37右图所示，商品细节比原图清晰很多。

图3.37 降低对比度前后的商品图

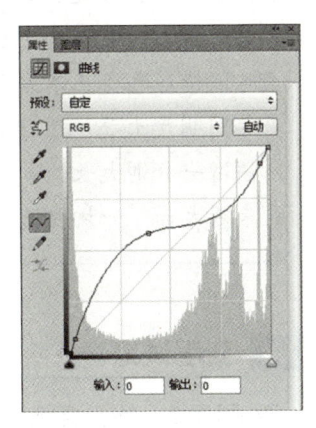

图3.38 【曲线】对话框

3.3.7 校正偏色

1. 提出任务

商品图像在拍摄过程中，不同时间的日照不同，所拍摄的照片可能存在偏离原来色彩的现象，如图3.39左图所示，肉类本该有的红色变成了粉色。

2. 分析任务

针对上述偏色问题，一般需要【色彩平衡】命令来调整，需要将该照片处理为正常的日照效果。

3. 解决任务

步骤1：打开素材文件夹的"3 勤学苦练\3.3 学习任务\偏色.jpg"文件，如图3.39左图所示。

步骤2：按Ctrl+B组合键，打开【色彩平衡】对话框，增加红色、绿色，降低蓝色，调整的具体数值如图3.40所示。经过调整后的商品图像如图3.39右图所示。

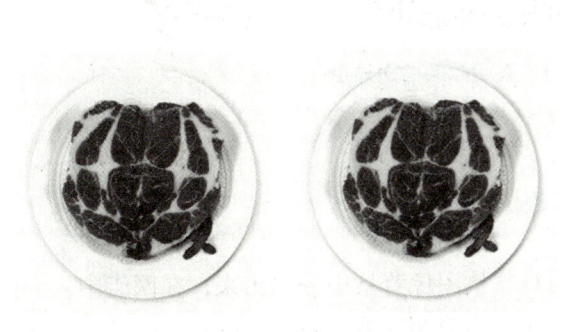

图3.39 经过色彩平衡调整前后的图像

图3.40 【色彩平衡】对话框

> **总　结**
>
> 你本来就很美——调色 2：蓝对黄而红对青，绿色专门对洋红，这是三对互补色，又称反相色。比如在一幅图片中，蓝对黄，如果将蓝色调多了，黄色就少了；反之，蓝色少了，黄色就多了。正片叠底可以使产品颜色较浅的图像加深，色彩平衡可以使颜色变正不偏色，图像对比要恰到好处，产品图明度太亮、太暗都不利于细节的展示。正所谓增一分则太长，减一分则太短，着粉则太白，施朱则太赤。一切要恰到好处。

○ 你本来就很美——调色 2
- 蓝对黄而红对青
- 绿色专门对洋红
- 正片叠底治色浅
- 色彩平衡调色偏

3.3.8　新手试练

百看不如一练，百练不如一专。观察如图 3.41 所示的 4 张商品图像，找出颜色出现的问题，利用本节学习的内容进行颜色调整，使调整后的图像变得更清晰、更亮丽、更自然。

图 3.41　有问题颜色图片组

3.4　移花接木必修术——抠图

抠图是指在 Photoshop 中将需要的对象从图像背景中分离出来，在网店中，一张好的商品图片不但要求商品美观，还需要一个很有意境的背景衬托，以营造良好的氛围。

3.4.1 单色背景抠图

1. 提出任务

观察如图 3.42 左图所示的商品，图像背景颜色比较单一，是同一颜色、同类色、邻近色，思考一下这类图像如何将想要的服装部分图像抠取出来呢？

图 3.42　简单背景抠图前后

2. 分析任务

背景单一的图像，抠图比较简单，只需要用魔棒工具就能快速地将所需要的图像抠取出来。

3. 解决任务

步骤 1：打开素材文件夹的"3 勤学苦练\3.4 学习任务\简单背景.jpg"文件，如图 3.42 左图所示。

步骤 2：选择【魔棒工具】，容差数值大小根据背景图像复杂程度，或者根据颜色数多少来确定，复杂、颜色数多，【容差】数值设置大些，背景颜色数少、不复杂容差值小一些，根据本图背景特点，由浅灰色到深灰色的一个渐变，容差设为"50"，可以按住 Shift 键增加选区，可以根据情况多次进行此操作。

步骤 3：按住 Ctrl+Shit+I 组合键反选，就将所需的图像抠取出来如图 3.42 右图所示。

3.4.2 复杂背景抠图

1. 提出任务

当遇到商品的轮廓比较复杂，背景也比较复杂，或背景与商品的分界不明显时，如图 3.43 左图所示的商品图像，上述的抠图方法都很难得到精确的抠图效果。

图 3.43　抠图前后对比

2. 分析任务

复杂背景图像抠图方法、步骤比较复杂，一般根据图像的特点，通过多个工具组合进行抠取，可能还会需通过 Shift 键、Alt 键增加、减少选区进行辅助抠取，甚至还需要收缩、扩大选区轮廓的边缘来实现精确抠取。

3. 解决任务

步骤1：打开素材文件夹的"3 勤学苦练\3.4 学习任务\复杂背景.jpg"文件，如图 3.43 左图所示。

步骤2：先用【快速选择】工具，将大概的轮廓抠选出来，按住 Shift 键增加选区，选区多了，按住 Alt 键减少选区。

步骤3：按住 Ctrl+Shit+I 组合键反选，就将所需的图像大概轮廓抠取出来了，如图 3.43 中图所示。

步骤4：用【钢笔工具】进行精细抠图，这个过程稍微烦琐复杂一些。

秘籍一点通：工匠精神就是精益求精，注重细节，追求完美和极致，不惜花费时间精力，孜孜不倦，反复改进产品，把 99% 提高到 99.99%。

步骤5：美中不足的是，图像的边缘有些暗影，此时，按住 Ctrl 键单击图层缩略图，生成选区，选择【选择】/【修改】/【羽化】命令，在出现的【羽化选区】对话框中，【羽化半径】设置为"1 像素"，如图 3.44 所示。

步骤6：再次选择【选择】/【修改】/【收缩】命令，在出现的【收缩选区】对话框中，收缩量设置为"1 像素"。再次按住 Ctrl+Shit+I 组合键进行反选，按 Delete 键删除边缘，按 Ctrl+D 组合键去掉选区，如图 3.45 所示。

图 3.44 【羽化选区】对话框　　　　图 3.45 【收缩选区】对话框

步骤7：如图 3.43 右图所示，图像边缘的暗影就没有了，更进一步地将需要的图像精确抠取出来了。

总　结

在选择工具中，快速选择工具是比较智能的，用它抠图会比较快。魔棒工具用来抠取图像需要抠取的图像和边界比较清晰，要么是单一的主体，要么是单一的背景，抠取速度也较快；钢笔工具可以抠取比较复杂的图像，所谓慢工出细活，用钢笔工具抠取的图像比较精确，但是效率低。

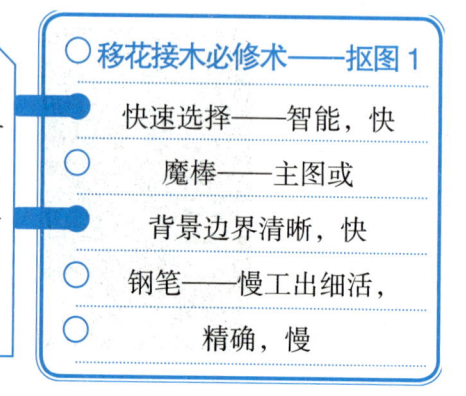

移花接木必修术——抠图1
- 快速选择——智能，快
- 魔棒——主图或背景边界清晰，快
- 钢笔——慢工出细活，精确，慢

3.4.3 抠取半透明的图像

1. 提出任务

有一些半透明特殊的商品，比如酒杯、婚纱、冰块、矿泉水等，使用一般的抠图工具得不到想要的透明效果。观察如图 3.46 左图所示的半透明婚纱。

图 3.46 调整前后产品图像的对比

2. 分析任务

针对上述问题，要具体情况具体分析，如图 3.46 左图图像背景较单一，可以先用魔棒工具将背景选中，然后反选，接下来选择图像的人物，用钢笔工具画出透明部分的路径，路径变选区，根据需要可以适当增加、减少选区，直到将人物完全选中，然后利用通道、计算等工具命令再抠取婚纱效果。

3. 解决任务

步骤 1：打开素材文件夹 "3 勤学苦练\3.4 学习任务" 的 "抠取半透明图像.jpg" 和 "海边.jpg" 2 个文件。

步骤 2：选择【魔棒工具】，容差设置为 "30"，单击背景图层，可以适当按住 Shift 键，增加选区，直到人物轮廓外的背景图像被全部选中，如图 3.47 所示。

步骤 3：选择【通道】面板，复制一个蓝色通道。按 Ctrl+Delete 组合键，填充前景色–黑色，如图 3.48 所示。

图 3.47 选择背景图像

图 3.48 填充黑色

步骤 4：用【钢笔工具】将半透明的婚纱勾选出来，如图 3.49 所示，按住 Shift 键，再按 Ctrl+Enter 组合键增加选区，然后按 Ctrl+Shit+I 组合键反选。

步骤 5:选择【通道】面板中的【将选区存储为通道】,如图 3.50 所示,选择【图像】/【计算】命令,具体参数设置如图 3.51 所示,单击【确定】按钮,将新建一个 Alpha 2 通道。

图 3.49　填充黑色　　　　　　　　　图 3.50　将选区存储为通道

步骤 6：选择 Alpha 2 通道,然后选择【通道】面板中的【将通道作为选区载入】按钮,然后选择 RGB 通道,隐藏 Alpha 2 通道,返回图层面板。

步骤 7：按 Ctrl+Shift+N 组合键新建图层 1,选择背景图层,按 Ctrl+C 组合键复制图像,再次选择图层 1,按 Ctrl+V 组合键粘贴图像。

步骤 8：右键单击图层 1,在出现的快捷菜单中选择【复制图层】命令,在出现的【复制图层】对话框中,目标文档选择"海边 .jpg",具体操作如图 3.52 所示,单击【确定】按钮。

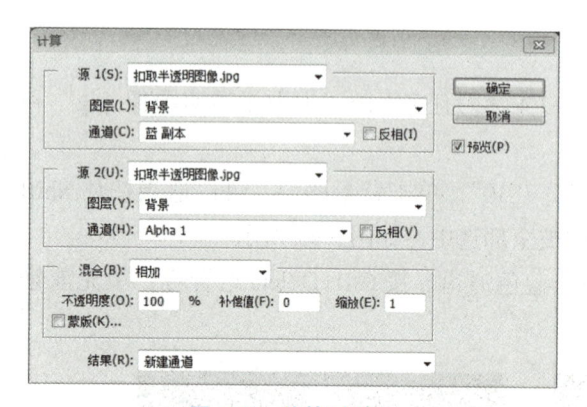

图 3.51　计算对话框　　　　　　　　图 3.52　复制图层

步骤 9：选择"海边 .jpg"文件,将图像改为合适大小,最终效果如图 3.46 右图所示,到此为止,这个任务制作全部完成。

总　结

一般毛发抠取图像是离不开通道的,而通道在抠取半透明图像时也少不了,注意通道只是一个选区,黑色是透明区域,白色是不透明区域,灰色则是半透明区域。

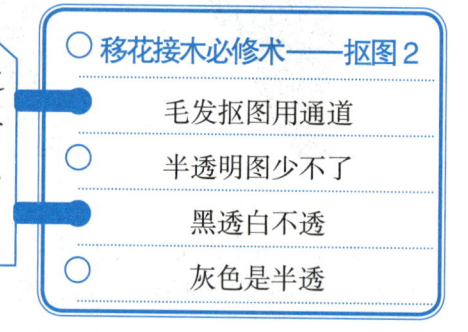

○ 移花接木必修术——抠图 2

毛发抠图用通道

半透明图少不了

黑透白不透

灰色是半透

3.4.4 新手试炼

将如图 3.53 所示背景复杂的人物图像抠取出来。将如图 3.54 所示的图像中的人物及半透明的婚纱抠取出来。

图 3.53　复杂背景抠图　　　图 3.54　抠取半透明的婚纱

3.5　如法炮制——批处理图像

3.5.1　批处理图像任务

1. 提出任务

观察如图 3.55 所示的图片组，产品图像存在什么问题呢？颜色偏暗，要处理的问题很简单，把产品图像亮度调高即可。那么再思考一个问题如果有多张甚至有大量的这样产品图像又该如何操作呢？

快速处理图片

2. 分析任务

对于上述问题，可以用 Photoshop 特有的【动作】面板将重复甚至一系列的命令录制成为一个动作，然后可以进行反复使用，如图 3.56 所示。

Photoshop 中的图像批处理方法——自动批处理功能，可以一次处理很多张同样问题的图像，简化任务，提高工作效率。

图 3.55　需要处理的多张产品图像　　　图 3.56　【动作】面板

3. 解决任务

步骤 1：新建两个文件夹，名称分别为"处理前的图像"和"处理后的图像"，如图 3.57 所示。把要处理的所有产品图像放到"处理前的图像"文件夹。

步骤 2：打开"处理前的图像"文件夹的"帽子 1.jpg"图像文件。

步骤 3：按 Alt+F9 组合键打开【动作】面板。

步骤 4：单击【创建新动作】按钮，在出现的【新建动作】对话框的【名称】文本框中输入"批处理"，如图 3.58 所示。

步骤 5：按 Ctrl+M 组合键，用曲线工具将图像颜色调亮。

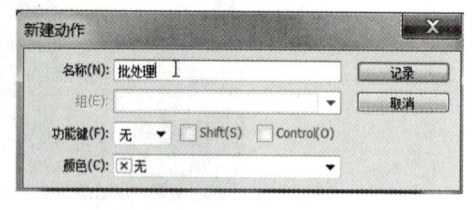

图 3.57　新建的两个文件夹　　　　图 3.58　【新建动作】对话框

步骤 6：选择【图像】/【图像大小】命令，在出现的【图像大小】对话框中选中【约束比例】，宽度输入"500 像素"，单击【确定】按钮。

步骤 7：选择【文件】/【存储为】命令，选择"处理后的图像"文件夹，文件名不变，格式选择"jpeg"。单击【保存】按钮，在出现的 jpeg 对话框中，默认设置，单击【确定】按钮。

步骤 8：选择【动作】面板，单击【停止记录】按钮。

步骤 9：选择【文件】/【自动】/【批处理】命令，【动作】选择"批处理"；【源】选择"文件夹"。然后单击下面的【选择】按钮选择刚建好的"处理前的图像"文件夹，同理，【目标】选择"处理后的图像"文件夹。注意将"覆盖动作中'存储为'命令"选项选中。文件名为【连续字母】，扩展名小写，具体设置如图 3.59 所示的【批处理】对话框。

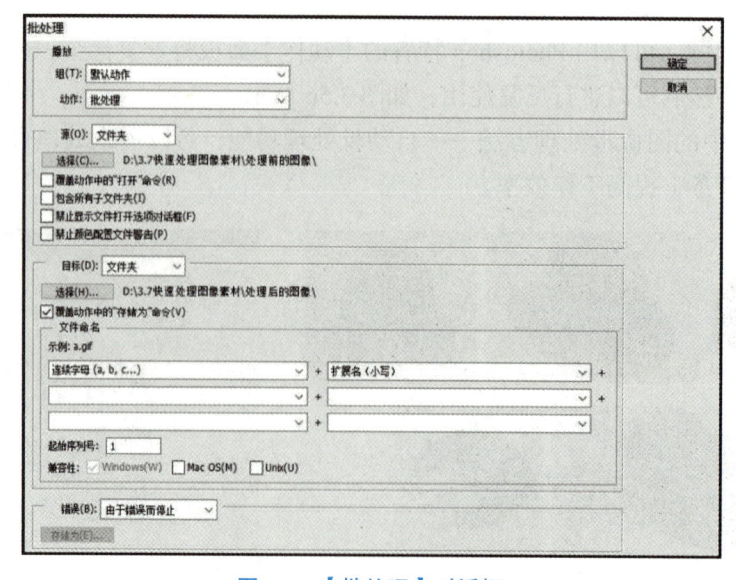

图 3.59　【批处理】对话框

步骤10：接下来可以看到，Photoshop瞬间就将一批要同样处理的产品图像按照录制的动作处理好了，效率非常高。

总结

快速批处理图像，在进行批处理之前先用动作面板录制要进行统一操作的动作步骤，注意动作面板要按照如下步骤进行：创建新动作，记录现操作，开始记录必须有，停止播放不能无。录制好后再进行批处理图像，这样就可以简化很多重复性的工作，提高处理图像的效率。

○ 如法炮制——批处理图像
- 创建新动作
- 记录现操作
- 开始记录必须有
- 停止播放不能无
- 最后才可批处理

3.5.2 新手试练

将如图3.60所示的产品图像组整体颜色调亮、大小统一保存为宽度为600像素，要求用动作面板的动作、批处理进行操作。

思政园地

Photoshop 快捷键：工欲善其事，必先利其器，工匠想要做好工作，一定要先工具完善。比喻要做好一件事，准备好工具非常重要。学习Photoshop，利用Photoshop工具作图，道理也是如此，而使用Photoshop的快捷键能提高设计效率。同时这说明了一个哲学观点，要做到按规律办事需要创造一定的条件。所以熟记快捷键非常重要，甚至可以达到事半功倍的效果。

图3.60 批处理图像

学习情境 4　渐进佳境——网店元素的设计与制作

教学目标

▎知识能力目标▎

（1）掌握网店元素的设计方法。
（2）熟练掌握网店标志设计与制作技巧。
（3）熟练掌握店招设计与制作技巧。
（4）熟练掌握快速导航条设计与制作技巧。
（5）熟练掌握主图设计与制作技巧。
（6）熟练掌握直通车图设计与制作技巧。
（7）熟练掌握智钻图设计与制作技巧。

▎思政素养▎

（1）文化自信，品牌自信。
（2）感受中华优秀传统文化——传统节日。
（3）中华优秀传统文化魅力——中国书法。
（4）感受中华优秀传统文化——纹样，坚定文化自信。

素材

各大电商平台比如淘宝、天猫、京东、当当等网店装修大同小异，所以对于网店美工而言，设计与制作的网店元素几乎类似。只不过各平台各元素尺寸有些差异，常见的网店主页元素有网店标志、店招、导航条、海报、快速导航条、主图、直通车图、智钻图等。

4.1　网店灵魂——网店 Logo 的制作

4.1.1　提出任务

Logo 也就是标志，如图 4.1 所示的图片组，主要通过造型简单和意义明确的视觉符号，将经营理念、企业文化、经营内容、企业规模和产品要素传递给买家。网店标志是网店视觉形象的核心，也是构成网店形象的基本特征，能够体现网店的内在素质，它不仅是调动网店视觉的主导因素，也是整合视觉要素的中心。

图 4.1　标志图片组

> **思政园地**
>
> 　　华为标志的含义是蓬勃向上、积极进取、聚焦、创新、稳健、和谐，充分体现了华为将继续保持积极进取的精神。通过持续的创新，支持客户实现网络转型并不断推出有竞争力的业务；华为将更加国际化、职业化、更加聚焦客户，创造和谐商业环境以实现自身的稳固成长。
> 　　华为经过长达数年的时间发展，现在已经是我们中国人的骄傲，从中国制造到中国品牌，再到文化自信，而文化自信是一个民族对自己文化的自信，是每个国人都应具备的素质，大学生作为祖国未来的希望，这种素质更不能缺少。

标志主要有 3 种形式。

（1）文字标志，是以文字、名称为表现主体，一般是由品牌名称、缩写或者抽取其中个别有趣的文字，通过排列、扭曲、颜色、变化等方式设计成标志，如图 4.2（a）所示。

（2）图形标志，通过以具体的图形来表现品牌的名称或商品的属性，相对于文字标志更为直观和富有感染力，如图 4.2（b）所示。

（3）图文结合型标志，是由图形与文字结合构成的，表现为文中有图、图中有文的图形特征，如图 4.2（c）所示。

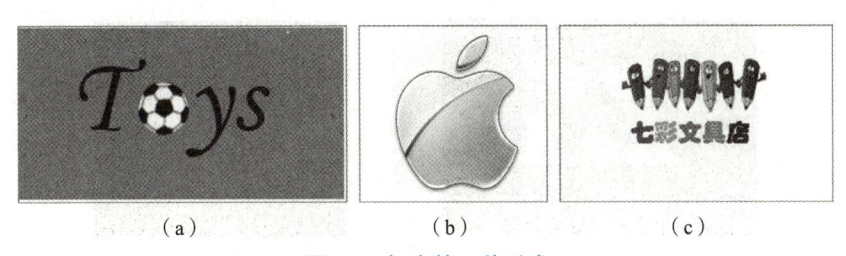

(a)　　　　(b)　　　　(c)

图 4.2　标志的三种形式

本节任务是设计并制作一个网店的标志，在设计时主要通过钻石形状结合网店名称"Jewelry"制作图文结合型标志，最终的效果如图 4.3 所示。

图 4.3　标志最终效果图

4.1.2 分析任务

观察图 4.3 所示的效果图，这个图文并茂的标志大致可以分为：渐变背景；钻石效果；文字效果；发光效果。

分析制作的任务，可以大概按照下面的步骤来完成效果图的制作：先通过【自定形状工具】中的【三角形工具】绘制一个三角形；复制多个三角形并进行排列；将部分三角形变形；用【画笔】【图层样式】等工具对最终绘制的效果进行润色。

4.1.3 解决任务

下面看一下实现任务的具体操作步骤。

步骤 1：按 Ctrl+N 组合键新建一个宽、高度都为"400 像素"的文件，其他选项默认设置即可，单击【确定】按钮。

步骤 2：用【渐变工具】中的【径向渐变】，左色标设置为"#666666"，右色标设置为"#222222"，从中心点开始拖曳填充背景。

步骤 3：选择【自定形状工具】/【三角形】命令，前景色设置为"#ffb600"。绘制一个三角形，复制多个三角形。并做好排列，具体排列位置如图 4.4 所示。

步骤 4：再继续复制并变形，变形后的效果如图 4.5 所示。

步骤 5：再继续复制并变形，按 Ctrl+T 组合键，按住 Ctrl 键单击一个点并进行变形，如图 4.6 所示。

步骤 6：再继续复制并变形，效果如图 4.7 所示，选中所有的三角形所在的图层，按 Ctrl+G 组合键，创建组，组名为"组 1"。

图 4.4 三角形排列位置 1　　图 4.5 复制变形效果

图 4.6 三角形排列位置 2　　图 4.7 复制变形最终效果

步骤 7：选中"组 1"和背景图层，然后选择【垂直居中对齐】【水平居中对齐】。

步骤 8：按 Ctrl+J 组合键，复制"组 1"。将"组 1"副本里面的所有图层合并。右击并在出现的快捷菜单中选择【栅格化图层】。

步骤 9：选择【径向渐变】，左色标设置为"#ffe4a0"颜色，右色标设置为"#bf8301"颜色。

步骤 10：选择"形状 1 副本"图层，单击【锁定透明像素】按钮，从中心点向四周拖拽，填充绘制的形状，填充后的效果如图 4.8 所示。

图 4.8　填充径向渐变后的效果

步骤 11：选择【文件】/【置入文件】，将素材文件夹的"4 渐进佳境\4.1 学习任务\发光素材 .jpg"置入"形状 1 副本 3"的图层上。

步骤 12：将素材变小，选择【图层混合模式】里面的【滤色】，会看到发光素材有些白边，可以利用【柔边圆】的【橡皮擦工具】将白边擦除。

步骤 13：复制发光素材，变小，并将两个发光素材透明度设置合适大小，看起来效果更自然一些。

步骤 14：选择形状 1 副本 3，设置【投影】的图层样式。在【图层样式】对话框中将【颜色】设置为"#222"，【距离】设置为"1"，其他选项默认设置。

步骤 15：选择【文本工具】，字体选择"ilsscrp"，大小设置为"30 点"，颜色设置为"#ffb600"，输入"Jewelry"文字，放置到合适的位置，最终效果如图 4.3 所示，到此为止，网店标志就制作成功了。

总　结

网店标志做起来不算难，"意要含"是指标志往往蕴含深刻的含义或者故事。"小且精"是看似简约但不简单，如果有独特的创意给人留下深刻印象更是锦上添花。

网店灵魂——网店标志
- 做不难
- 意要含
- 小且精
- 独特佳

4.1.4　新手试练

利用 4.1.3 小节学习的内容，制作一个如图 4.9 所示的图文结合的标志。

图 4.9　新手试练效果图

4.2 网店招牌——店招的制作

网店的招牌也称为店招，如图 4.10 和图 4.11 所示，一般放在网店首页的最上面，店招主要由以下元素构成：网店名称、核心产品或者商品分类导航、最新网店促销信息、网店收藏等。

图 4.10 店招一

图 4.11 店招二

4.2.1 提出任务

为了便于网店商品的推广，让店招便于记忆，除了需要在设计上具有新颖别致、易于传播的特点外，还应遵循两个基本的原则：一是品牌形象的植入；二是抓住产品定位，如图 4.12 和图 4.13 所示。

图 4.12 店招三

图 4.13 店招四

不同电商平台有不同尺寸要求，就淘宝而言，可分为常规店招和通栏店招两类。常规店招为 950 像素 ×120 像素，常常包括网店标志、页头背景、活动信息和导航条，如图 4.14 所示，而通栏店招尺寸为 1920 像素 ×150 像素，是网店中运用最广泛的一种。

图 4.14 店招五

本次任务是制作一个店招 + 导航条，该店招不仅具有常规店招的基本信息，还能让导航条直接显示在店招中，店招的最终效果如图 4.15 所示。

图 4.15 店招的最终效果

4.2.2 分析任务

观察图 4.15 所示的效果图，思考一下这个店招大概需要哪些步骤。首先利用【渐变填充工具】制作背景；将涉及的素材导入文件中，经过排版布局制作标志、商品展示等；用【单列选框工具】制作导航条的立体分割线；利用【自定形状工具】制作收藏按钮。

秘籍一点通： 对于设计而言，素材是非常重要的，平时要养成积累素材的好习惯，好素材可以让你的设计事半功倍。

4.2.3 解决任务

下面是实现任务的具体操作步骤。

步骤 1：按 Ctrl+N 组合键新建一个宽为 "950 像素"、高为 "150 像素" 的文件，其他选项默认，单击【确定】按钮。

步骤 2：用【渐变工具】中的【线性渐变】，左色标设置为 "#fdf3fb"，右色标设置为 "#fcd0e8"，按住 Shift 键，从上往下拖曳填充背景。

步骤 3：选择【矩形选框工具】，【样式】选择 "固定大小"，宽度为 "950 像素"，高度为 "30 像素"，具体设置如图 4.16 所示的选框工具选项栏。

图 4.16　工具选项栏

步骤 4：按 Ctrl+Shift+N 组合键新建图层，按 Alt+Delete 组合键先填充任意一个颜色。

步骤 5：添加一个【渐变叠加】的图层样式，左色标设置为 "#d02b84"，右色标设置为 "#d995d4"，单击【确定】按钮。注意色标位置，如图 4.17 所示，添加【渐变叠加】后的效果如图 4.18 所示。

图 4.17　渐变编辑器　　　　图 4.18　添加【渐变叠加】后的效果

步骤 6：将涉及的素材从 "4 渐进佳境 \4.2 学习任务" 文件夹下拖到 PS 文件中来。用【柔边圆】的【橡皮擦工具】擦除 "包" 素材的白边，并将其他素材放置到如图 4.19 所示的位置上。

步骤 7：选择【文本工具】，输入 "官方旗舰店"，字体设置为 "微软雅黑"，大小为 "30 点"，【设置消除锯齿方法】选择 "平滑"，颜色设置为 "#b81b6b"。

图 4.19　添加素材后的效果

步骤 8：添加文字"一包在手，魅力即刻拥有"，字体设置为"方正硬笔行书简"，大小为"24 点"，颜色设置为白色，添加一个【外发光】的图层样式，【图层样式】对话框如图 4.20 所示，【混合模式】选择"正常"，【颜色】设置为"#bd196a"，单击【确定】按钮。

步骤 9：对于"首页、全部商品、信用评价、店铺介绍、新品上市、品牌故事"导航条上的文字，字体设置为"黑体"，大小为"17 点""平滑"，白色。

步骤 10：制作导航条上的分割立体线。新建图层，选择【单列选框工具】，【前景色】设置为"#770f48"颜色，按 Alt+Delete 组合键填充前景色。

步骤 11：按 Ctrl+J 组合键复制上面绘制的竖线，按 Ctrl 键并单击该图层的缩略图，转换选区，填充"#fcdaed"颜色，并将此图层向右移动 1 像素，并排放置明暗的两条线有立体线的感觉。

步骤 12：选择两条明暗的线所在图层，按 Ctrl+E 组合键合并图层，用【柔边圆】的【橡皮擦工具】擦除上下的立体线。擦除后的效果如图 4.21 所示。

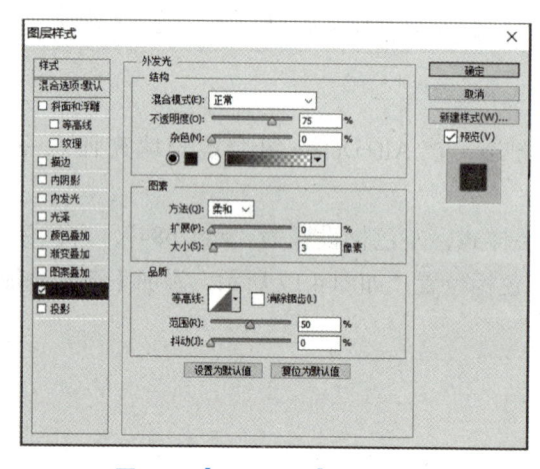

图 4.20　【图层样式】对话框　　　　图 4.21　擦除后的立体线效果

步骤 13：复制 5 个立体线，并按照如图 4.22 所示的位置放置，可以选择【水平居中分布】，使立体线间隔距离相等。

图 4.22　放置 5 个立体线的效果

步骤 14：利用【自定形状工具】里面的【封印】，颜色设置为"#e01a79"，在右侧制作一个形状，在形状上输入文字"收藏"，字体设置为"黑体""22 点"，平滑，白色。到此为止，完成整个店招效果图的制作，最终效果如图 4.15 所示。

> **总结**
>
> 网店招牌的设计与制作，首先要定好店招风格，然后规划好布局结构，再选择合适的字体，店标尽量有网店的名字和标志以及促销活动，让人容易记住。

○ 网店招牌——店标
　　□ 定风格
　　□ 布好局
　　□ 选字体
　　□ 有名标

4.2.4 新手试练

制作如图 4.23 所示的店招，聪明靠努力学习，知识靠平日积累，如果你没有时间去练习，就只有花时间去后悔了。

图 4.23　新手试练

4.3　如影随形——快速导航条

快速导航条如图 4.24 左侧所示，快速导航条可以让顾客更方便地找到所需要的商品，节省顾客的时间，提高其购物效率，促进交易完成。

快速导航条

图 4.24　快速导航条所在的页面

4.3.1 提出任务

快速导航条可以出现在任何页面上，对不同页面，导航内容也会有所不同。如图 4.25（a）所示的淘宝主页快速导航条，主要设置主页几个重要栏目的链接，由于主页较长，又设计了顶部链接。如图 4.25（b）所示详情页的快速导航条，主要设计了重要栏目的链接。如图 4.25（c）所示活动页面的快速导航条，主要设计了一些重要的活动商品分类链接。

本节任务是制作一款"爱之语"鲜花礼品专卖店的快速导航条，如图 4.26 所示，除

83

了包含各频道内容外，还包含优惠券内容。为了保证网店风格的统一性，在颜色与字体选择上尽量选择暖色和方正字体。

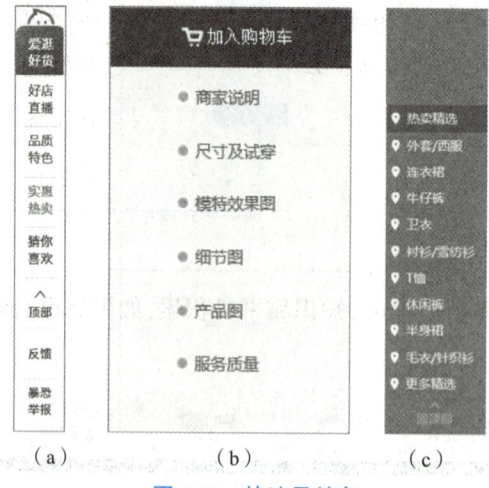

（a） （b） （c）

图 4.25　快速导航条　　　　　　图 4.26　快速导航条效果

> **拓展阅读**

花之语：在很多场合需要用到鲜花，因为鲜花总是能够起到烘托气氛的作用，他被人类赋予了太多美好的意义，送花是一门艺术，不同的鲜花被人们赋予了不同的意义，比如玫瑰：爱情；蔷薇：坚强；牡丹：圆满、浓情、富贵、雍容华贵；不同颜色的花也有不同的寓意，更多可以查看百度百科。

中国传统节日是中华优秀传统文化的重要组成部分，是中华民族在长期的历史积淀中形成的文化遗产。我国是比较讲究礼节的国家，自古就有"礼仪之邦"的盛誉，这在我们现代人的生活中也处处能够得到体现。

4.3.2　分析任务

观察图 4.26 所示的效果图，思考快速导航条可以分几部分效果制作？上下花篮背景效果；文案背景；购物券效果；分隔线效果。

经过分析，根据上面提到的任务效果，可以大概按照以下步骤来完成制作：利用【色彩范围】将花篮图像抠取出来；用【圆角矩形工具】制作背景；利用【自定形状工具】里面的【邮票 1】制作购物券；用【对齐工具】将文字、分隔线分别对齐。

4.3.3　解决任务

下面是实现任务的具体操作步骤。

步骤 1：打开素材文件夹"4 渐进佳境 \4.3 学习任务 \hltx8.jpg"文件。

步骤 2：选择【选择】/【色彩范围】命令，容差设置为"50"，将花篮抠取出来，如图 4.27 所示。

步骤3：按Ctrl+N组合键新建一个宽为"20像素"、高为"500像素"的文件，其他选项默认设置即可，单击【确定】按钮。

步骤4：将抠取的花篮复制到新建的PS文件中，用【矩形选框工具】将花篮分为两部分。分别放在文件的上部和下部，效果如图4.28所示。

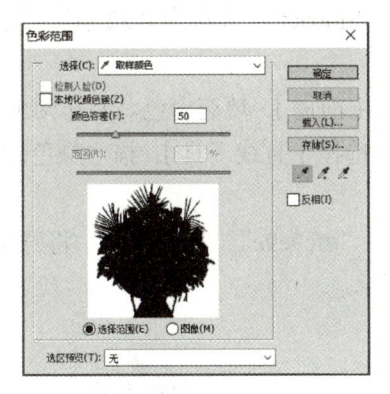

图4.27　【色彩范围】对话框　　　　图4.28　花篮分为上、下部分

步骤5：选择【圆角矩形工具】，半径设置为"5像素"，填充颜色"#fbfbd6"，描边颜色设置为"#cf020f"，描边宽度设置为"1.49点"，描边类型选择第2种，宽度设置为"167像素"，高度设置为"198像素"，具体设置如图4.29所示。

图4.29　【圆角矩形工具】选项栏

步骤6：绘制一个圆角矩形，效果如图4.30所示。

步骤7：选择【自定形状工具】里面的【邮票1】，填充颜色"#cf020f"，描边颜色设置为"#a50610"，描边宽度设置为"1.49点"，描边类型选择第2种，宽度设置为"174像素"，高度设置为"129像素"，绘制后的效果如图4.31所示。

步骤8：将所有图层选中，选择【水平居中对齐】。

步骤9：将涉及的文案复制进来，文案"限时特惠、热销单品、生日推荐、开业花篮"字体设置为"黑体"，大小为"17点"，设置消除锯齿的方法选择"平滑"，字体颜色设置为"黑色"，行距设置为"45点"，具体设置如图4.32所示。

图4.30　圆角矩形效果　　图4.31　绘制邮票1效果　　图4.32　【字符】面板

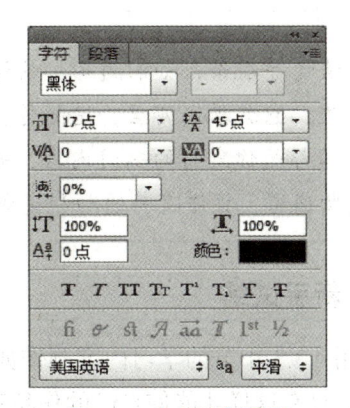

步骤 10：文案"满 100 减 10、满 300 减 50"字体设置为"黑体"，大小为"15 点"，设置消除锯齿的方法选择"平滑"，文字颜色为白色。

步骤 11：人民币符号"￥"，字体设置为"verdana"，大小为"22 点"，设置消除锯齿的方法选择"平滑"。

步骤 12：文案"50、10"，字体设置为"Impact"，大小为"32 点"，加粗，文字放大突显出来，以上制作的效果如图 4.33 所示。

步骤 13：选择【自定形状工具】里面的【前进】，填充白色。制作两个前进按钮。

步骤 14：制作导航条链接文字分隔线，选择【直线工具】，描边颜色设置为白色，描边宽度为"1.49 点"，描边类型选择第 2 种。

步骤 15：复制分隔线，描边颜色设置为"#fc9e9e"，复制多个。将背景设置为透明，将背景图层隐藏，制作后的效果如图 4.34 所示。

图 4.33　制作文案后的效果　　　图 4.34　添加分隔线隐藏背景后的效果

步骤 16：到此为止，快速导航条就制作成功了。

总　结

快速导航条，如影随形，快速如风，鼠标走到哪里，它就跟到哪里，追随你，忠于你。里面的内容都是你急需的热门内容，并且能提供方便的购物通道，促进交易的顺利完成。

○ 如影随形——快速导航条
　　快如风
○ 为你忠
○ 内容热
○ 交易顺

4.3.4　新手试练

利用 4.3.3 小节的学习内容制作如图 4.35 所示的一个快速导航条，时时做一个生活的有心人，只有这样才能使自己的作品富有生机。

图 4.35　快速导航条效果

4.4　转化之门——主图

在网店优化中，主图是如图 4.36 所示的图像，主图设置是做营销优化的重要因素，因为商品在网店搜索中是以图片的形式展示给顾客看的，商品给客户的第一印象直接影响客户的点击率，间接也会影响产品的曝光率，从而影响整个产品的销量。

主图

图 4.36　主图

主图的标准尺寸为 310 像素×310 像素的正方形图片或者 800 像素×800 像素以上的图片。

主图尺寸在 800 像素×800 像素以上的图片，可在商品详情页中使用放大镜功能，该功能可以直接放大主图的细节，使买家可以在主图中查看产品的细节，如图 4.37 所示。

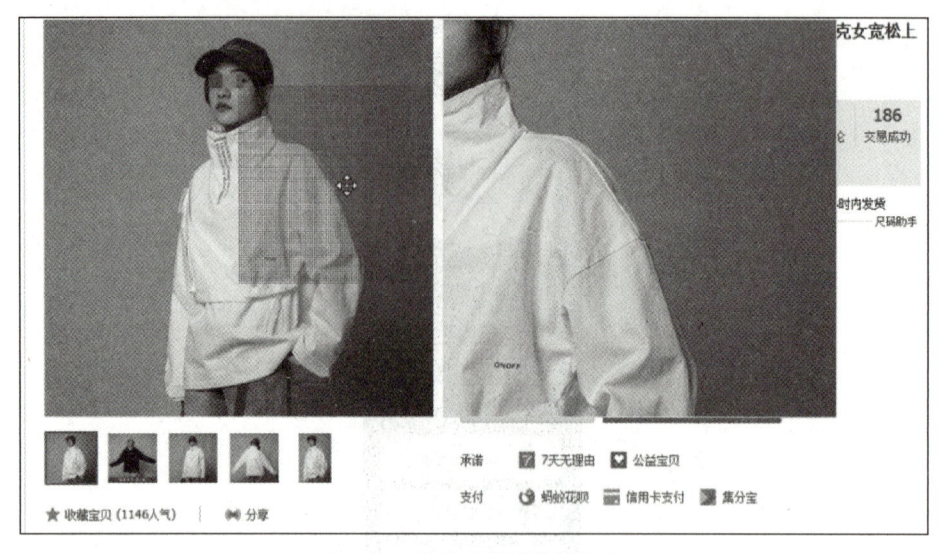

图 4.37 有放大镜功能的主图

主图一般可以上传 4～6 个不同角度的图片。也可以在主图中发布视频，方便查看实物效果，如图 4.38 所示。

主图设计要点如下。

（1）适合的图片场景：如图 4.39 所示，选择适合的图片场景时，注意场景和背景不要喧宾夺主，选择不同的背景或不同虚化程度的场景，都有可能对图片的效果产生影响，从而影响点击率。

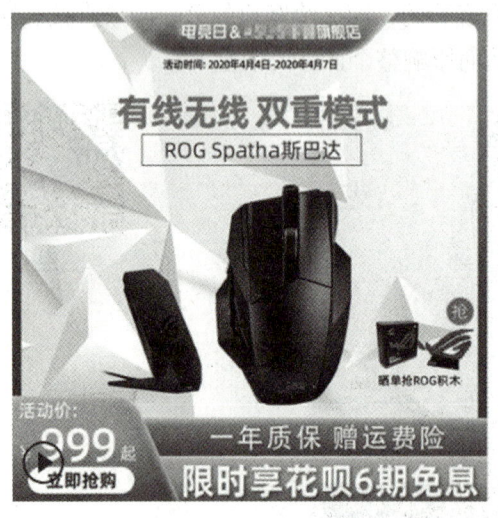

图 4.38 有视频的主图　　　　　　图 4.39 适合的图片场景

（2）适合的商品大小：商品过大则显得臃肿，过小则不利于展现细节，难以突出商品的主体地位。而大小合适的商品主图能增加浏览时的视觉舒适感，提升点击率，如图 4.40 所示。

（3）卖点清晰有创意：一个主图的卖点不需要多，但需要直击要害，以最直接的方式吸引买家，如图 4.41 所示。

（4）使用噱头词：如图 4.39 所示的"抢券满 400 减 150""预估到手价 82"；如图 4.42 所示的"0 添加、纯天然、无色素""宝宝放心吃"。

（5）宜简不宜繁：买家在搜索商品时，浏览速度较快，因此主图传达的信息越简单、越明确就越容易被接受。如果产品放置杂乱、产品数量多、文案信息多、背景杂乱等都会阻碍信息的传达。

图 4.40　大小合适的主图　　图 4.41　卖点清晰有创意　　图 4.42　使用噱头词的主图

4.4.1　提出任务

本小节将制作一个效果如图 4.43 所示的主图，思考这个主图大概制作效果以及制作过程。

图 4.43　任务效果

4.4.2　分析任务

通过观察，总结出可以大概按照以下过程来完成效果图的制作：用【画笔工具】制作背景；用【变形工具】和【画笔工具】制作投影；通过【自定形状工具】制作卖点图标；通过【图层混合模式】来完成标志、水印的制作。

4.4.3 解决任务

下面是实现任务的具体操作步骤。

步骤 1：按 Ctrl+N 组合键新建一个宽、高都为 "800 像素" 的文件，其他选项默认设置即可，单击【确定】按钮。

步骤 2：前景色设置为 "#fcf9ea"，按 Alt+Delete 组合键填充背景色。

步骤 3：选择【画笔工具】，将素材文件夹中的 "4 渐进佳境\4.4 学习任务\大的花型 .abr" 载入画笔。

> **思政园地**
>
> 花纹：大的花型是 PS 画笔笔尖形状，是一种花纹。中国的花纹历史源远流长，祖先创造了很多花纹艺术，不仅造型别致，而且纹样独特，实用美观，艺术之光生生不息。比如玉器纹样、瓦当纹样、青花瓷纹样、青铜器纹样、脸谱纹样、建筑纹样、古代服装纹样，每种纹样都有其独特的魅力，为后世进行艺术创作和历史研究提供了宝贵的资料。

步骤 4：前景色设置为 "#f9f1ca"，利用刚载入的笔尖形状，新建图层，在文件左边单击一下，绘制一个暗花，效果及位置如图 4.44（a）所示。

步骤 5：按 Ctrl+J 组合键复制花纹所在的图层，然后 "水平翻转" "垂直翻转"。稍微旋转一下，效果及位置如图 4.44（b）所示。

（a） （b）

图 4.44 绘制花纹位置及效果

步骤 6：将涉及的素材从 "4 渐进佳境\4.4 学习任务" 文件夹中拖拽到 PS 文件中，选择 "官网水印 .jpg" 文件所在的图层，右击，在出现的快捷菜单中选择【栅格化图层】，用【矩形选框工具】将水印框选并剪切出来放置到右下角，然后分别应用【图层混合模式】里面的【正片叠底】。放置的具体位置如图 4.45 所示。

步骤 7：选择 "bling.jpg" 文件所在的图层，应用【图层混合模式】里面的【变亮】将其不透明度调整为 "30%"，效果如图 4.46 所示。

步骤 8：将产品缩小一点，然后绘制产品投影，按 Ctrl+J 组合键复制 "产品" 图层，按 Ctrl+T 快捷键，再按住 Ctrl 键，单击上面中间的 "点" 拖曳。将其变形。变形后右击【栅格化图层】，如图 4.47 所示。

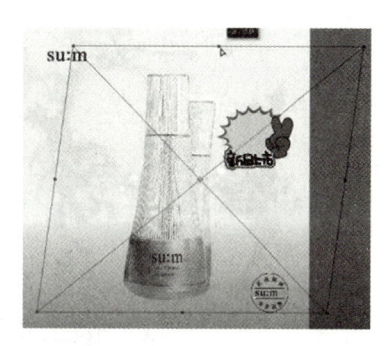

图 4.45　添加标志和水印　　图 4.46　将 bling.jpg 文件变亮后的效果　　图 4.47　绘制产品投影

步骤9：按住 Ctrl 键单击"产品"的缩略图，将其转换为选区，填充一个深灰色，选择【滤镜】/【模糊】/【高斯模糊】命令，模糊半径设置为"40 像素"，【高斯模糊】对话框如图 4.48 所示，将本图层不透明度设置为"60%"。调整到合适位置，投影效果如图 4.49 所示。

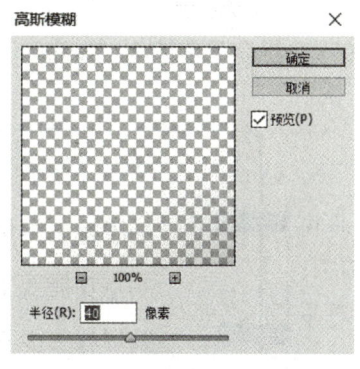

图 4.48　【高斯模糊】对话框　　图 4.49　投影效果

步骤10：选择"图层1副本"图层，按 Ctrl+Shift+N 组合键，新建图层，选择【画笔】，笔尖形状选择【柔边圆】，在文件中心位置单击，按 Ctrl+T 组合键将其压扁变形并调整到合适位置，具体调整过程如图 4.50 所示。

图 4.50　绘制化妆瓶底下的投影

步骤11：将"bling.jpg"图层调整到"产品"图层的上面，效果如图 4.51 所示。

步骤12：选择【自定形状工具】里面的【选中复选框】形状，将选项工具栏中填充设置为"#f39700"颜色，复选框宽度设置为"58 像素"，高度设置为"47 像素"，再复制两个并放置到如图 4.52 所示的位置。

图 4.51 调整 bling.jpg 图层 　　　　图 4.52 添加复选框形状

步骤 13：将卖点文案复制进来，"通透亮泽、细化纹理、滋养充盈"字体设置为"迷你简启体"，大小为"38 点"，设置消除锯齿的方法为"平滑"，文字颜色为黑色。

步骤 14：继续输入文案，"9 折"字体设置为"Adobe 黑体 std"，大小为"48 点"，设置消除锯齿的方法为平滑，颜色为黑色。将"9"重新设置字体为"Impact"。到此为止，主图就成功地制作出来了，最终效果如图 4.43 所示。

总　结

主图就是交易之门，在制作的过程中，品牌标志尽量有；卖点功能要十足；劲爆噱头少不了；效果做好了，点击率必然会提高，还会提高产品的曝光率，从而提高产品的销量。

交易之门——主图
- 品牌标志尽量有
- 卖点功能要十足
- 劲爆噱头少不了
- 点击率高效果好

4.4.4 新手试练

制作如图 4.53 所示的主图。"探索无止境，学习无归期"，时时做一个生活的有心人，只有这样才能使自己的作品富有生机。

图 4.53 新手试练主图

4.5　引流利器——直通车图

直通车本意指这个城市到那个城市，在行驶的过程中，意外情况发生的时候原则上不停靠中途站点，直接到达车辆前往的目的地，如图 4.54 所示。

图 4.54　直通车

淘宝直通车如图 4.55 所示，是卖家一直在使用的一个推广功能，而直通车图是直通车推广的一个直观体现。直通车图做得好与坏会直接影响卖家网店的点击率，也会影响卖家网店的转化率。

图 4.55　淘宝直通车

直通车图出现的位置是店铺搜索栏的下面，如图 4.56（a）所示，还会出现在搜索结果页面右侧，如图 4.56（b）所示，在搜索结果页面底端也会出现，如图 4.56（c）所示。

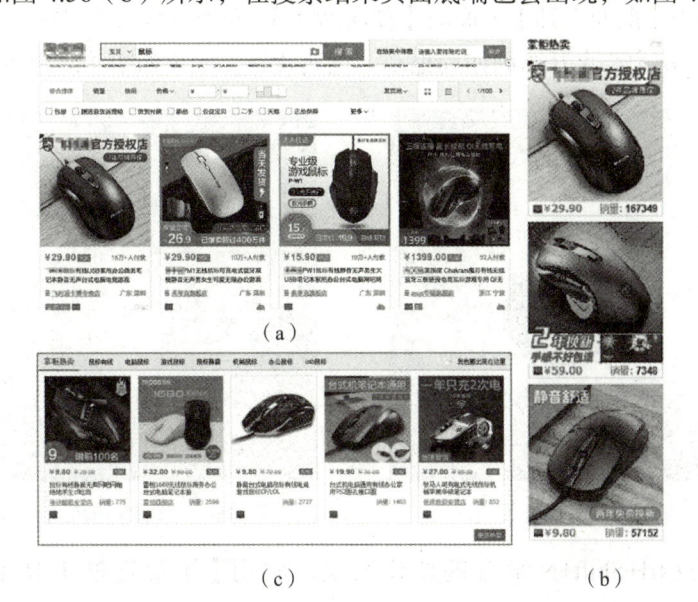

（a）

（c）　　　　　　　　（b）

图 4.56　直通车出现位置

直通车设计要点如下。

（1）分析买家心理需求。分析买家求实、求美、求便宜、从众等心理，另外还可以再加上免费试用、秒杀、清仓等营销手段。

（2）构图合理。利用前面学到的构图知识，使要传递的信息清晰、有层次地呈现在买家面前。

（3）卖点要简洁精确。文字语言一定要提炼，字不要多，要直接、精确。

（4）有促销性质语言。比如挑战全年最低价、终极超低价、挑战低价再送×××、反季优惠大促销等。

（5）使用增值服务。突出放大增值服务，如包邮、假一赔十、货到付款、终身质保、保修包换、七天无理由退货等。

4.5.1 提出任务

本节将制作一个如图 4.57 所示的直通车图。思考一下这样的效果图的完成过程。

4.5.2 分析任务

观察图 4.57 所示的直通车图的任务，可以大概按照下面的过程来制作：先用【径向渐变】来制作背景；用【画笔工具】和【自由变换工具】来制作阴影；需要用特殊字体来制作文案部分；用【矩形选框工具】和【自由变换工具】来制作文案背景。

4.5.3 解决任务

下面是实现任务的具体操作步骤。

步骤 1：按 Ctrl+N 组合键新建一个宽、高都为 "800 像素" 的文件，其他选项默认设置即可，单击【确定】按钮。

步骤 2：利用【渐变工具】里面的【径向渐变】，左色标设置为 "#edf1f6"，右色标设置为 "#7f9fbe"，从中心点开始向四周拖动，填充背景，效果如图 4.58 所示。

图 4.57　填充背景效果　　　　图 4.58　填充背景后的效果

步骤 3：按 Ctrl+Shift+N 组合键新建图层，利用【矩形选框工具】，样式设置为 "固定大小"，宽为 "800 像素"，高为 "85 像素"，绘制一个矩形选区，前景色设置为

"#44688C",按 Alt+Delete 组合键填充前景色。

步骤 4：复制图层 1，按 Ctrl+T 组合键，将其旋转"30°"，放到右上角，效果如图 4.59 所示。

步骤 5：再次复制图层 1，按 Ctrl+T 组合键，将其旋转"15°"，放到左下角。

步骤 6：选择图层 1，将【不透明度】调整到"60%"，再次复制图层 1，按 Ctrl+T 组合键，将其旋转"–10°"，再将其拖动放大一点，放到右边，效果如图 4.60 所示。

图 4.59　添加矩形条效果　　　　图 4.60　复制矩形条并调整后的效果

步骤 7：将素材文件夹"4 渐进佳境 \4.5 学习任务"的"钻戒 .png"和"素材 .png"两个文件拖拽到 PS 文件中，并放好位置。

步骤 8：将"钻戒"调整到合适的位置和大小，选择"钻戒"图层，按 Ctrl+J 组合键复制图层，将钻戒副本图层【不透明度】设置为"66%"，选择【图层混合模式】里面的【叠加】。

步骤 9：选择图层 1，按 Ctrl+Shift+N 组合键，新建图层，选择【画笔工具】，选择【柔边圆】笔尖形状，在文件中心位置单击，制作一个投影，按 Ctrl+T 组合键，将投影变形并调整到合适大小，位置及效果如图 4.61 所示，让画面更有立体感。

步骤 10：按 Ctrl+Alt+0 组合键，将文件恢复原大小。

步骤 11：将素材文件夹的"4 渐进佳境 \4.5 学习任务 \ 文案 .txt"里的文字复制进来，"7 天无理由退货"字体设置为"微软雅黑"，大小为"35 点"，设置消除锯齿的方法为"浑厚"，文字颜色为"#fbfe03""仿粗体"，【字符】面板的设置如图 4.62 所示。

图 4.61　素材及投影效果　　　　图 4.62　【字符】面板

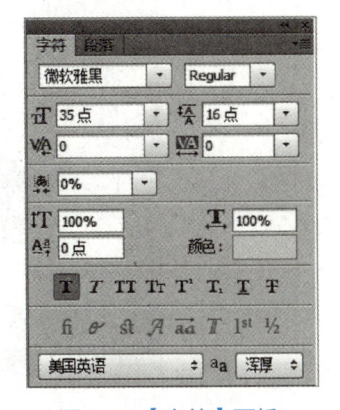

步骤12："￥3000"字体设置为"方正兰亭特黑—GBK"，大小为"54点"，设置消除锯齿的方法为"平滑"；"￥"符号字体为"黑体"或者"verdana"，添加【图层样式】里面的"描边"，描边颜色为黑色，大小为"2px"，【图层样式】对话框如图4.63所示。

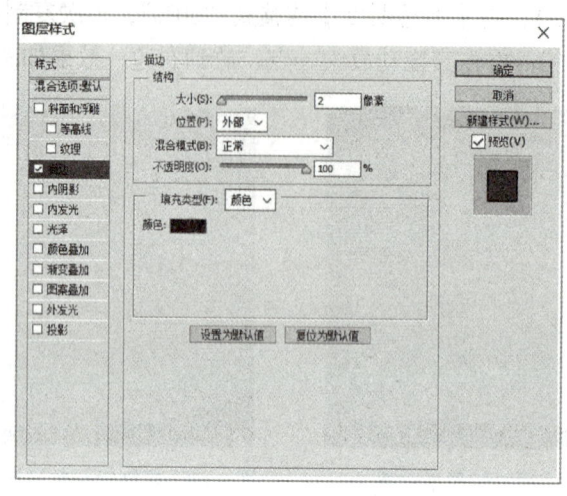

图4.63 【图层样式】对话框

步骤13："2.14限时秒杀仅此一天"字体设置为"微软雅黑"，大小为"23点"，设置消除锯齿的方法为"平滑"，颜色为"#ff5081""仿粗体"。右击"￥3000"图层，在出现的快捷菜单中选择【拷贝图层样式】，右击"2.14限时秒杀仅此一天"图层，在出现的快捷菜单中选择【粘贴图层样式】。

步骤14：选择"￥3000"和"2.14限时秒杀仅此一天"两个图层，按Ctrl+T组合键，旋转"15°"，调整到合适的位置。

步骤15：将"素材"图层，按Ctrl+Shift+]组合键调整到最上层，按Ctrl+T组合键，调整到合适大小，将其旋转"30°"，右击"素材"图层，在出现的快捷菜单中选择【栅格化图层】和【锁定透明像素】，前景色调整为"#ff5081"，按Alt+Delete组合键填充前景色，效果如图4.64所示。

图4.64 添加部分文字效果

步骤 16："New Fashion"字体设置为"VLADIMIR.TTF"，大小为 100 点，设置消除锯齿的方法为"平滑"，颜色为"白色"；"精致高贵"字体设置为"方正黄草简体 .TTF"，大小为"56 点"，颜色为"白色"，效果如图 4.65 所示。

图 4.65　文字效果

> **思政园地**
>
> 　　方正黄草简体的特点是结构简省、笔画连绵。其形成于汉代，是为了书写简便在隶书基础上演变出来的。有章草、今草、狂草之分，在狂乱中展现优美。
> 　　中华优秀传统文化魅力——中国书法是中华文明的结晶，它与国画、京剧、中医并称为"中国四大国粹"。习练书法，能愉悦精神，陶冶性情，提高艺术素养，更能调节情绪，舒缓压力，保健养生。

步骤 17：最后调整各元素的位置，部分图层水平居中对齐。到此为止，直通车图制作成功，最终效果如图 4.57 所示。

总　结

　　在制作直通车图时，一定要分析买家心理，准确提炼卖点，要简洁且要精确，促销语言少不了，增值服务会让你的直通车效果锦上添花。

引流利器——直通车图
- 买家心理要分析
- 卖点简洁且精确
- 促销语言必须要
- 如能增值就更好

4.5.4　新手试练

　　制作一个如图 4.66 所示的直通车图，幸运之神的降临，往往只是因为你多看了一眼，多想了一下，多走了一步。

97

图 4.66 新手试练直通车效果

4.6 引爆流量——智钻图

智钻图是淘宝网提供的一种营销工具,为卖家提供了数量众多的网内优质展位,包括淘宝首页、内页频道、门户、画报等多个淘宝站内广告位,以及搜索引擎、视频网站、门户网等站外媒体展位。图 4.67 所示是淘宝首页。

图 4.68 所示是天猫首页焦点智钻图,标准尺寸为 750 像素 ×420 像素,由于其尺寸较大,能够完全地展示商品与文案,因此价格最贵。

图 4.67 淘宝首页的智钻图   图 4.68 天猫首页智钻图

智钻图位置及形式:图 4.69 所示的天猫全球首页智钻图大小为 900 像素 ×280 像素。

图 4.69 天猫全球首页智钻图

图 4.70 所示的智钻图在"品牌团"下方,流程充足、价格适中、回报较高,在设计时要注意图片和文字相结合,文字要醒目。

图 4.71 所示的图片组是横幅 Banner 智钻图,出现很多位置,标准尺寸为 990 像素 ×95 像素,在设计展示图片时,多选具有代表性的图片,或是具有概括性的文字进行表示。

智钻图

图 4.70 聚划算"品牌团"智钻图

图 4.71 横幅 Banner 智钻图

图 4.72 所示是淘宝垂直频道的智钻图。

图 4.72 淘宝垂直频道的智钻图

智钻图制作要点如下。

(1)主题突出：智钻图的主体不一定是产品图片，也可以是创意方案，或买家诉求的呈现。突出主体才能够吸引更多买家点击。

(2)目标要明确：在智钻图的设计制作中，首先需要明确自己的营销目标，针对目标进行素材的选择和设计，这样才能保证点击率与转化率。

(3)形式要美观：形式美观的智钻图更能获取顾客好感，进而提高点击率。

4.6.1 提出任务

本次任务是制作一个如图 4.73 所示的淘宝首页焦点智钻图，宽为 520 像素，高为 280 像素。

4.6.2 分析任务

观察如图 4.73 所示的智钻图效果，思考本任务制作的效果及大概制作过程。

通过观察与分析，可以按照以下步骤来完成效果图的制作：利用【径向渐变】制作一个有层次的背景；利用【自定形状工具】里面的"靶标 2"制作放射状背景；通过【矩形工具】【椭圆工具】【扩展边缘】【描边】等多个工具制作文案背景；用调色命令、【加深工具】对产品图进行调整，直到效果满意为止。

图 4.73　智钻图效果

4.6.3　解决任务

下面看一下实现任务的具体操作步骤。

步骤 1：按 Ctrl+N 组合键新建一个宽为"520 像素"、高为"280 像素"的文件，其他选项默认设置即可，单击【确定】按钮。

步骤 2：利用【渐变工具】里面的【径向渐变】，左色标设置为"#730404"，右色标设置为"#560000"，注意右边的色标向左移动，具体位置如图 4.74（a）所示，从右侧开始向四周拖动，填充背景，效果如图 4.74（b）所示。

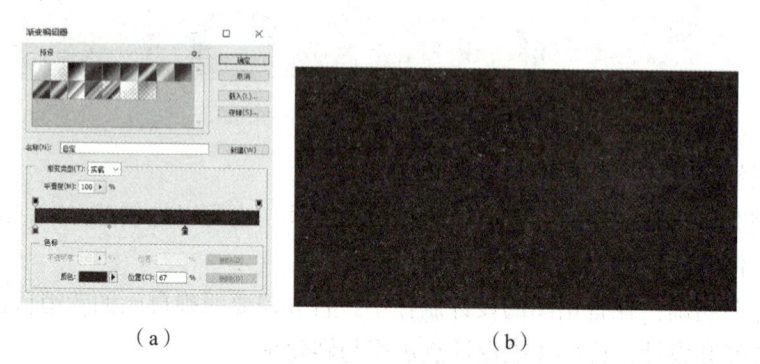

（a）　　　　　　　　　　　　　（b）

图 4.74　渐变编辑器色标位置及填充后的效果图

步骤 3：利用【自定形状工具】里面的【靶标 2】，填充颜色设置为"#8a0202"，制作形状，右击选择【栅格化图层】，用【柔边圆】的橡皮擦工具，将边缘擦除。擦除后的效果如图 4.75 所示。

步骤 4：将素材文件夹"4 渐进佳境\4.6 学习任务"中 5 个素材文件拖动到 PS 文件中，并放好位置。调整图层顺序以及图的位置，如图 4.76 所示，选中 5 个产品所在的图层然后按 Ctrl+G 组合键组合成组，然后按 Ctrl+E 组合键合并图层。

步骤 5：调整合并图层的颜色，利用【曲线】工具，整体调亮一些，因为产品处在一个暗红的背景当中，因此分别在红色通道增加一点红色，蓝色通道增加一点蓝色。

步骤 6：右击图层调整图层，在出现的快捷菜单中选择【创建剪贴蒙版】，将调整的颜色只作用到紧邻下面的图层上。

100

图 4.75　绘制靶标 2 效果　　　　　图 4.76　添加产品素材放置的效果

步骤 7：选择合并的图层，利用【加深工具】将产品的下部颜色加深，给人的感觉是光源在上，所以下面要暗一些以增加真实感，调整后的效果如图 4.77 所示。

步骤 8：选中合并的"5"图层，按 Ctrl+Shift+N 组合键新建图层，利用【矩形选框工具】，【样式】设置为"固定大小"，宽度设置为"215 像素"，高度设置为"145 像素"，单击背景图层，前景色设置为"#f6f1f0"，按 Alt+Delete 组合键填充前景色。

步骤 9：选择图层 5、图层 1 和背景图层，选择【垂直居中对齐】。

步骤 10：利用【椭圆选框工具】，【样式】设置为"固定大小"，为 60 像素 × 60 像素，新建图层，填充颜色任意，设置图层【不透明度】为"70%"。复制一个，放到如图 4.78 所示的位置，设置【左对齐】。

图 4.77　调整颜色后的效果　　　　　图 4.78　绘制矩形和椭圆

步骤 11：将两个小圆转换为选区，选择下面的矩形所在的图层，然后按 Delete 键删除选中的区域。

步骤 12：用类似的方法，将矩形右侧两个角也删除。矩形和两个小圆位置如图 4.79 所示，将两个小椭圆图层隐藏。

步骤 13：将图层 1 形状转换为选区，然后选择【选择】/【修改】/【扩展】命令，将【扩展选区】对话框中的扩展量设置为"5 像素"，【扩展选区】对话框如图 4.80 所示。

图 4.79　右侧删除位置　　　　　图 4.80　【扩展选区】对话框

步骤 14：选择【编辑】/【描边】命令，在【描边】对话框中宽度设置为"1 像素"，不透明度设置为"75%"，【描边】对话框如图 4.81 所示。

101

步骤 15：打开素材文件夹的"4 渐进佳境 \4.6 学习任务 \ 文案 .txt"文件，将文案复制进来，"EBOHR"字体设置为"Lucida Fax"，大小为"22 点"，设置消除锯齿的方法为"平滑"，文字颜色设为"#333232"。

步骤 16："大牌清仓 2.5 折起"字体设置为"方正兰亭中粗黑 _GBK"，大小为"25 点"，设置消除锯齿的方法为"平滑"，颜色为"#ff5081"。

步骤 17："腕表到手价低至 199"字体设置为"微软雅黑"，大小为"18 点"，文字颜色设为"#333232"，调整文案的位置，文案设计好后的效果如图 4.82 所示。

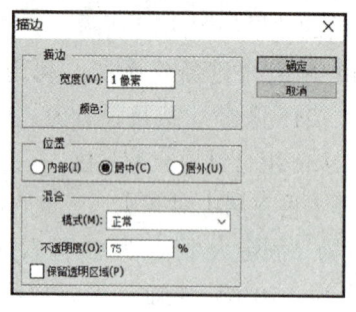

图 4.81 【描边】对话框　　　　图 4.82 文案效果

步骤 18：利用【直线工具】命令，描边宽度设置为"1 点"，颜色设置为"灰色"。制作一条虚线，作为文案分隔线。

步骤 19：最后调整各个元素的位置，调整细节，到此为止，智钻图制作成功，最终效果如图 4.73 所示。

总　结

引爆流量的智钻图是人群的收割机，不但可以引爆流量，还可以低投入高产出，同时也是打造爆款的神器，在制作的时候要主题突出、目标明确、形式美观。

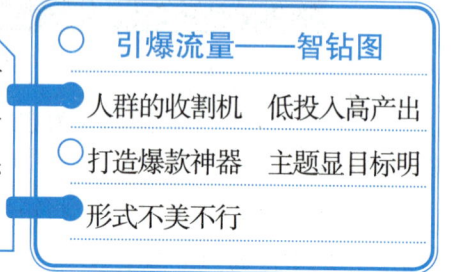

○ 引爆流量——智钻图
　人群的收割机　低投入高产出
○ 打造爆款神器　主题显目标明
　形式不美不行

4.6.4 新手试练

利用 4.6.3 小节学习的内容制作如图 4.83 所示的智钻图。这世上有两样东西是别人抢不走的：一是藏在心中的梦想；二是读进大脑的书。

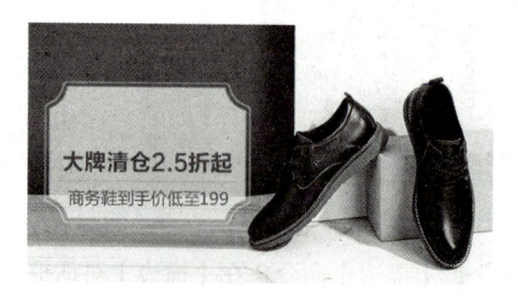

图 4.83 新手试练智钻图效果

学习情境 5　炉火纯青——广告的设计与制作

教学目标

▌知识技能目标▌

（1）了解网店广告设计理念。
（2）了解网店广告设计的注意事项。
（3）熟练掌握化妆品海报设计方法与制作技巧。
（4）熟练掌握手机海报设计方法与制作技巧。
（5）熟练掌握果蔬海报设计方法与制作技巧。
（6）熟练掌握香水海报设计方法与制作技巧。
（7）熟练掌握年中大促活动海报设计方法与制作技巧。

素材

▌思政素养▌

（1）了解并遵守行业规范。
（2）做人、做事有诚信。
（3）培养自主学习、敢于创新、善于团结的意识。
（4）树立脚踏实地、坚韧不拔的精神，懂得唯物辩证法量变达质变的规律。
（5）培养创新思维。

在网店设计中，广告的设计是非常重要的内容，尤其是网店首页首屏海报的设计，它是网店内部的横幅广告，可以起到宣传、促销的作用。首屏海报也需要和网店相契合，与网店整体风格相一致，本部分内容主要介绍网店广告设计的知识以及五类产品的首屏海报设计与制作。

拓展阅读

电商广告违禁词：电商在广告设计时要注意行业一些规范，比如电商营销推广违禁词，这里包括所有商品都不得使用的广告违禁词以及特殊商品不得使用的违禁词。

1. 所有商品不得使用的违禁词

（1）国家级、世界级、最高级、最佳、第一、唯一、首个、最好、精确、顶级、最低、最底、最、最便宜、最大程度、最新技术、最先进科学、国家级产品、填补国内空白、绝对、独家、首家、最新、最先进、第一品牌、金牌、名牌、最赚、超赚、最先、巨星、奢侈、至尊、顶级享受等绝对性用语（暂不导入"优秀、资深、著名"）。

（2）国家×××领导人推荐、国家××机关推荐、国家××机关专供、特供等借国家、国家机关工作人员名称进行宣传的用语。

（3）质量免检、无须国家质量检测、免抽检等宣称质量无须检测的用语。

（4）使用人民币图样（但中国人民银行批准的除外）。

（5）繁体字、单独使用外国文字或中英文结合用词。

（6）驰名商标，商品已注册驰名商标等在各类宣传中使用"驰名商标"字样。

2．特殊商品的广告违禁词

（1）食品：祖传、抑制、秘制等虚假性词语；强力、特效、全效、强效、奇效、高效、速效、神效等夸大性词语；处方、复方、治疗、消炎、抗炎、活血、祛瘀、止咳、解毒、疗效、防治、防癌、抗癌、肿瘤、增高、益智、各种疾病名称等明示或暗示有治疗作用的词语；神丹、神仙等庸俗或带有封建迷信色彩的词语。

（2）化妆品：特效、全效、强效、奇效、高效、速效、神效、超强等绝对化用语；纯天然、换肤、去除皱纹等虚假性词语。

5.1　吸睛大法——广告设计

5.1.1　吸引眼球的广告

用户看到如图5.1所示的网页，基本是按照如下步骤购买商品的：首先看到页面的广告，进而被广告吸引，然后点击广告进入详情页面详细了解，最终买下商品。

图5.1　带广告的网店首页

其实横幅（Banner）设计的初衷就是被点击。所有的设计和创意都是围绕着吸引用户来进行的。那如何做出高点击率的Banner图就显得非常重要了。

如果在 1 秒内能完成三样工作：吸引眼球、传递信息、诱使点击，就能成功地制作出高点击率的 Banner 图，如图 5.1 所示，眼球首先被图 5.2 这个广告吸引，然后从黄色的大字"百张影票"获得传递的信息，接下来单击让人心动的"1 元拍"进入详情页。

图 5.2　吸引眼球的 Banner 图

下面欣赏一下吸引眼球的广告，然后思考一下这些广告为什么吸引眼球？又是如何在 1 秒内完成三样工作的？结构版式又是什么样？如图 5.3 所示的 Banner 图，设计特点是活动噱头词（5 折封顶）+ 主题（品牌经典款）+ 附加值（全场包邮 货到付款）。结构是两栏式，构图稳定，左文右图。

广告设计

图 5.3　品牌经典款广告

如图 5.4 所示的 Banner 图，特点是吸引人的产品（卫衣模特图）+ 活动噱头（限时优惠）+ 醒目的价格（特惠价 68 元起）。结构依然是两栏式，构图稳定，左模特图 + 右文案。

图 5.4　卫衣广告

如图 5.5 所示的 Banner 图，特点是左上角的品牌标志 + 活动噱头（无水焗更营养）+ 醒目的促销价（236 元）。结构是两栏式，构图稳定，左文案 + 右产品图。

如图 5.6 所示的两张服装类 Banner 图，特点是促销活动噱头 + 品牌标志 + 醒目的价格（5 折、99 元起）+ 附加值（全场包邮、2000 家实体店品质保障）。结构依然是两栏式，构图稳定，左文案 + 右模特图。

图 5.5　电器广告

图 5.6　服装广告

如图 5.7 所示的两张 Banner 图，两栏式的稳定构图，左文案＋右模特图或者产品图。"女人抢疯了""1 元秒杀""5 折抢购"的活动噱头及醒目的价格"69，49"＋"会员专享特权"的附加值。

图 5.7　两栏式的广告

如图 5.8 所示的 Banner 图，明显的是稳定的三栏式构图，即左、中、右结构。特点是产品活动噱头＋限时活动以及醒目的抢购价。

图 5.8　三栏式的广告

如图 5.9 所示的两张 Banner 图是多栏式，依然是左右结构，设计特点：品牌＋产品活动噱头＋醒目的价格＋产品或者模特堆图。

图 5.9　多栏式的广告

如图 5.10 所示的鲜果狂欢节的促销活动 Banner 图，特点明显是活动＋醒目的价格噱头，是典型的上下式的结构：上文、下图。

图 5.10　鲜果狂欢节

如图 5.11 所示的具有美感和平衡感的 Banner 图，中心构图，两边对称，设计特点是品牌＋产品活动噱头（突破极限　尽情呼吸）。

图 5.11　某产品 Banner 图

如图 5.12 所示的 Banner 图特点是品牌＋产品活动噱头（多面优雅　女人的未来），中心构图，两边均衡。展现香水魅力的奢华享受。

图 5.12　某香水 Banner 图

如图 5.13 所示的新品发布 Banner 图，"让双脚感受大海一般的清凉"产品活动噱头＋醒目的 68 元的价格＋包邮的附加值。这个是对角构图，形式新颖活泼但并不失稳定。

图 5.13　某鞋新品发布 Banner 图

如图 5.14 所示的 Banner 图是斜切式的布局，注意切线和产品的方式是一致的或者垂直的，既新颖活泼又不失稳定。

图 5.14　斜切式构图

如图 5.15（a）所示 Banner 图，这个图的设计特点是品牌＋产品活动噱头＋醒目的折扣价格，倒三角构图，这类构图产品立体感极强，构图动感活泼。

如图 5.15（b）所示的 Banner 图是倒三角构图，这类构图有不稳定感，但能激发用户好动心，给用户运动的感觉，设计特点依然是品牌＋年底大清仓的活动噱头＋醒目的折扣。

（a）　　　　　　　　　　　　（b）

图 5.15　倒三角构图

如图 5.16 所示的 Banner 图，整体对角、产品呈正三角构图，活泼但稳定，总体安全感极强。设计特点依然是"女神的礼物，最高享 24 期免息"的活动噱头＋限时活动。

图 5.16　手机 Banner 图

如图 5.17 所示的是常见的渐次式结构，符合透视的设计原理，比较有层次感，稳定自然，给人一种产品丰富可靠的感觉，设计特点：品牌＋产品活动噱头＋醒目折扣价格。

如图 5.18 所示的是放射性构图，具有极强的透视感，活泼动感，产品丰富可靠；设计特点：品牌＋产品活动噱头＋醒目的折扣。

图 5.17　渐次式构图　　　　　　　　图 5.18　放射性构图

> **思政园地**
>
> 　　在市场竞争中，特别是在互联网竞争环境下，作为电商行业的从业人员一定要严守法律底线，秉承诚信经营的原则，做守法诚信的经营者，增强社会主义法治观念。

5.1.2　想一想

通过上述大量广告设计的欣赏，总结以下三点，在 1 秒内完成的三样工作是如何做到的。

1. 吸引眼球

可以通过色彩、动画、广告语、模特等吸引顾客的注意力。

2. 传递信息

将消费者的注意力吸引过来后，还要传递给消费者一定的信息，传递哪些信息呢？比较吸引人的主题：应季、节日、品牌效应、促销活动、特殊效果、抢购、抽奖等。还有比较打动人的噱头：低至××的折扣价格、满减满赠、第二件半价，还可以将包邮、正品保证、全国联保、终身保修等产品的附加值传递给消费者。

3. 引导点击

把信息传递给消费者后不要忘了可以通过商品、广告语、模特、立即抢购的按钮引导消费者立即购买。

通过前面的设计欣赏，Banner 图的构图版式主要有两栏式构图、三栏式构图、上下式、正反三角构图、垂直构图、斜切式构图、渐次式构图、放射性构图等，针对不同的产品和需要可以采用以上构图版式。

5.1.3　测一测

通过上面内容的学习，下面给出反面案例，找出设计的问题或者不足之处。

如图 5.19 所示的 Banner 图，设计很凌乱，重点不突出，其实重点太多就没了重点。

图 5.19　问题图 1

再观察图 5.20 所示的广告图，图片模糊不清晰，品质感差。

图 5.21 所示的 Banner 图依然重点不突出，颜色也不出彩。并且将客户最关心的问题（3 折秒杀包邮），放在了一个不显眼的右下角位置。这个位置点击率下降了很多！

图 5.20　问题图 2　　　　　　　　　图 5.21　问题图 3

如图 5.22 所示，到底卖什么产品呢？内容过于堆积甚至有些内容看不清楚，主题也不明确。

图 5.22　问题图 4

总　结

左图右文，图像是暗示，文字传达信息更准确直接；整图拍摄原则要便于构图，局部放大可以更突出质感，按需设计；清晰的产品图配产品模特更胜一筹；如果使用数字，可以精确到个位数，如最终"已卖出 10838 件"远远比"已卖出 1 万件"效果好；价格低到一定程度，一切皆有可能；非常有创意的图给人更深刻的印象而且能获得更多的点击量。

吸睛大法——广告设计
- 左图右文刚刚好
- 整体局部两相宜
- 产品清晰配模特
- 精准数字更讨喜
- 价格低到不能低
- 创新创意是永恒

5.1.4　新手试练

通过学习，说一说 Banner 图的构图版式主要有哪些。

5.2 别出心裁——化妆品广告

5.1 节主要介绍了广告的设计方法及设计技巧，接下来通过 5 个任务的制作，就会渐进佳境，美工初学其实就是从鉴赏到临摹再到创新，也就是从"模仿"到"超越"的一个过程。

化妆品广告

5.2.1 提出任务

制作一个如图 5.23 所示的化妆品 Banner 图。

图 5.23 化妆品 Banner 图

5.2.2 分析任务

通过观察，这个化妆品广告可以分以下几部分来制作，制作的大概过程如下：首先用【钢笔工具】加上【不透明度】做一个有层次的背景；其次用【直线工具】和【动感模糊工具】制作分隔线；再用【画笔工具】制作主题背景；最后用【魔棒工具】将用到的素材抠取出来并进行美化。

5.2.3 解决任务

下面是这个别出心裁的化妆品 Banner 图详细制作步骤。

步骤 1：按 Ctrl+N 组合键，在【新建】对话框中新建一个宽度为"1920 像素"、高度为"540 像素"的文件，其他选项默认设置，单击【确定】按钮。

步骤 2：利用【渐变工具】里面的【径向渐变】，左色标设置为"#512581"，右色标设置为"#331e45"，从中心点开始向四周拖拽，填充背景，制作一个中间亮四周暗的聚光效果，效果如图 5.24 所示。

图 5.24 填充径向渐变后的背景

步骤 3：新建图层，用【钢笔工具】绘制一个闭合的路径，如图 5.25（a）所示，按 Ctrl+Enter 组合键转换为选区，将前景色设置为"#f8c4c6"，然后按 Alt+Delete 组合键，填充绘制的形状，改变一下大小和位置。

111

步骤 4：按 Ctrl+J 组合键复制图层，改变大小和位置，将此图层【不透明度】变为"50%"，调整后的效果如图 5.25（b）所示。

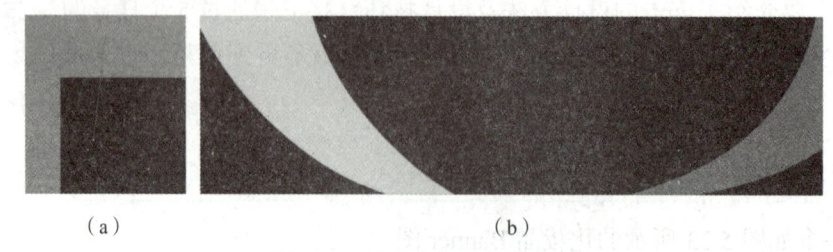

（a） （b）

图 5.25　绘制路径及填充效果

步骤 5：按 Ctrl+Shift+N 组合键新建图层，再次用【钢笔工具】绘制一个闭合的路径，类似步骤 3 的操作，绘制的路径如图 5.26 所示，改变一下大小和位置，填充颜色后的效果如图 5.27 所示。

图 5.26　钢笔绘制路径　　　　　　　图 5.27　绘制并复制调整后的效果

步骤 6：按 Ctrl+J 组合键复制两次图层，改变大小和位置，将图层【不透明度】变为"30%"，放置到图像的左侧，调整后的效果如图 5.28 所示。

步骤 7：再次按 Ctrl+J 组合键复制步骤 5 形状所在的图层，改变大小和位置，将图层【不透明度】变为"20%"，放置到图像的右侧，调整后的效果如图 5.29 所示。通过改变这些形状的不同透明度，让整个背景看起来更有层次、更有立体感。

图 5.28　复制两次绘制后的效果

图 5.29　有层次、立体感的效果

步骤8：打开素材文件夹的"5 炉火纯青 \5.2 化妆品广告 \ 文案 .txt"文件，将文案复制进来，"取悦自己"字体设置为"华文隶书"，大小为"74 点"，设置消除锯齿的方法为"平滑"，文字颜色为"#f8c4c6"。将"悦"文字大小设置为"146 点"。

步骤9："丝柔顺滑　优雅不脱色"字体设置为"楷体"，大小为"36 点"，设置消除锯齿的方法为"平滑"，文字颜色与步骤 8 的文字颜色相同。【不透明度】变为"70%"，字符间距调整为"45"，调整两行文案到宽度相同，这样看起来文字比较整齐，【字符】对话框及文案效果如图 5.30 所示。

步骤10：制作文案的分隔线，选择【直线工具】，无填充，描边颜色和刚才设置的文字颜色相同，描边宽度为"1 点"。描边类型选择实线，设置形状宽度为"340 像素"，然后按住 Shift 键绘制一条直线，栅格化图层，然后选择【滤镜】/【模糊】/【动感模糊】滤镜效果，距离设置为"69 像素"，【动感模糊】对话框如图 5.31 所示，绘制的分隔线效果如图 5.32 所示。

步骤11：用画笔绘制一个形状，新建图层，选择【画笔工具】，选择里面的【圆扇形细硬笔刷】，前景色设置为"#b92950"，大小设置为"35 像素"。绘制一个形状，绘制后效果如图 5.33 所示。

图 5.30　【字符】对话框及文案效果　　　　图 5.31　【动感模糊】对话框

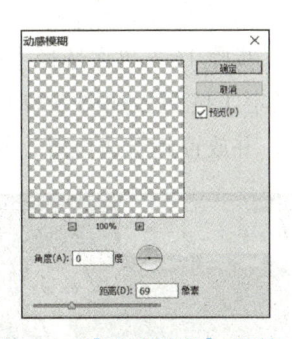

图 5.32　文案分隔线　　　　图 5.33　绘制文案底色

步骤12："全场满 300 减 200"文案字体设置为"黑体"，大小为"38 点"，设置消除锯齿的方法为"平滑"，"白色"。放置到步骤 11 绘制的形状上面。

步骤13：选择【圆角矩形】工具，半径设置为"5 像素"，填充颜色设置为"#f3d321"，无描边，绘制一个圆角矩形，添加"立即抢购"文字，字体设置为"微软雅黑"，大小为"16 点"，设置消除锯齿的方法为"平滑"，文字颜色设置为"黑色"，效果如图 5.34 所示。

113

步骤 14：将素材文件夹的"5 炉火纯青 \5.2 化妆品广告"里面的"美女 .jpg"和"化妆品 .png"两个文件置入进来，右击"美女"图层，在出现的快捷菜单中选择【栅格化图层】，选择【魔棒工具】，【容差】设置为"10"，单击背景部分，删除背景，抠取美女效果如图 5.35 所示。

图 5.34　文案及按钮效果 　　　　　　　　　图 5.35　抠取美女效果

步骤 15：抠取的图像边缘有白色的锯齿，按 Ctrl 键，单击"美女"图层的缩略图转换为选区，选择【选择】/【修改】/【羽化】命令，羽化半径设置为"2 像素"，单击【确定】按钮后如图 5.36 所示。

步骤 16：再次选择【选择】/【修改】/【收缩】命令，收缩量设置为"2 像素"，单击【确定】按钮后如图 5.37 所示。然后按 Ctrl+Shift+I 组合键反选，按 Delete 键删除白色边缘，并放置到合适位置，效果如图 5.38 所示。

图 5.36　羽化选区 　　　　图 5.37　收缩选区 　　　　图 5.38　去掉白边后的抠取效果

步骤 17：利用【椭圆工具】制作 1 个圆形，并复制 3 个依次排放，将椭圆的填充颜色设置为下面"化妆品"里面 4 个口红的颜色即可，然后对齐 4 个圆，制作后的效果如图 5.39 所示。

图 5.39　绘制圆并设置颜色后的效果

步骤 18：最后对各个元素的位置进行精细调整，到此为止，化妆品广告就成功地制作出来了，最终效果如图 5.23 所示。

总　结

别出心裁的化妆品广告制作，之所以很有层次是因为钢笔工具，很多绘制效果都是用钢笔工具绘制出来的，将绘制的效果改变不同的透明度，可以增强层次效果和空间立体效果。

○ 别出心裁——化妆品广告
- 钢笔工具真奇妙
- 绘制效果少不了
- 不透明度加进来
- 层次梦幻立体好

5.2.4　新手试练

利用类似的创意、技法制作一个化妆品广告。素材可以从网络上搜索，多鉴赏优秀作品，多模仿多借鉴。练功恒为贵，技艺赖深思。

5.3　时尚大气——手机广告

【钢笔工具】功能非常强大，既能抠图，又能绘图。【钢笔工具】再加上【画笔工具】，制作的效果图就更锦上添花了。如图 5.40 所示的两个图，就是先用【钢笔工具】绘制路径，然后用【画笔工具】描边制作出来的，有让大家眼前一亮的效果，正是印证了"不怕千招会，就怕一招精"这句俗语。

手机广告

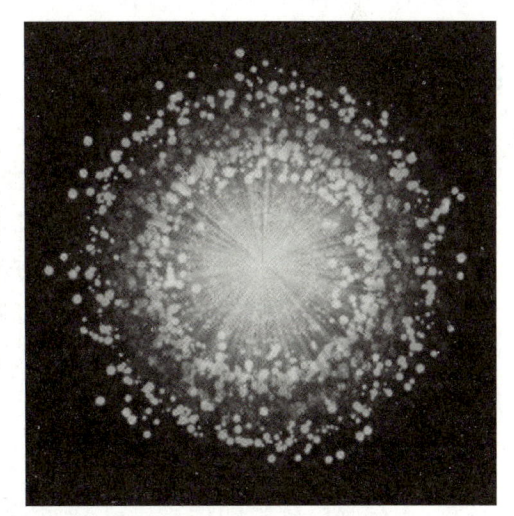

图 5.40　钢笔工具和画笔工具绘制的效果

5.3.1　提出任务

要制作如图 5.41 所示的时尚大气的手机 Banner 图。

115

> 拓展阅读

华为企业文化：华为取得的业绩是骄人的，在中国企业史上可谓是独一无二的例子。华为非常崇尚"狼"，认为狼是企业学习的榜样，要向狼学习"狼性"，狼性永远不会过时。

作为最重要的团队精神之一，华为的"狼性文化"可以用这样的几个词语来概括：学习、创新、获益、团结。用狼性文化来说，学习和创新代表敏锐的嗅觉，获益代表进攻精神，而团结就代表群体奋斗精神。

图 5.41 手机 Banner 图

5.3.2 分析任务

观察图 5.41，这个任务大概分哪些效果的制作呢？大概制作过程又是如何的呢？经过分析，可以大概按照以下过程来制作：首先利用【图层混合模式】制作有层次感的背景；其次用变形工具和模糊滤镜制作手机投影；再用曲线工具将背景调制出想要的颜色；最后用形状工具制作文案效果。

5.3.3 解决任务

一技在手，天下我有，下面是这个时尚大气的手机 Banner 图详细制作步骤。

步骤 1：按 Ctrl+N 组合键，在【新建】对话框中名称输入"手机广告"，宽度设置为"1920 像素"、高度设置为"540 像素"，其他选项默认设置，单击【确定】按钮。

步骤 2：前景色设置为"#aeacac"，按 Alt+Delete 组合键填充背景色。

步骤 3：将素材文件夹中的"5 炉火纯青\5.3 手机广告\雪山 .jpg"文件拖到 PS 文件中，改变大小及位置，选择图层混合模式里面的【柔光】，不透明度设置为"50%"，效果如图 5.42 所示。

图 5.42 雪山和背景合成效果

步骤4：给"雪山"图片所在的图层添加蒙版，选择【画笔工具】，前景色设置为黑色，笔刷选择【柔边圆】，将图像的边缘进行擦除。让雪山很好地融入背景当中。擦除后的效果如图 5.43 所示。

图 5.43　雪山和背景再次合成效果

步骤5：将素材文件夹中的"5 炉火纯青\5.3 手机广告\高光 .jpg"文件拖到 PS 文件中，按 Ctrl+T 组合键改变大小并且水平翻转，选择【图像】/【调整】/【去色】命令，选择图层混合模式里面的【滤色】，素材放置位置及效果如图 5.44 所示。

图 5.44　素材位置及效果

步骤6：给"高光"素材所在的图层添加蒙版，选择【画笔工具】，笔刷选择【柔边圆】，前景色设置为黑色，将图像的边缘进行擦除。让高光很好地融入背景当中。擦除后的效果如图 5.45 所示。

图 5.45　高光融入背景后的效果

步骤7：单击【图层】面板下面的【创建新的填充或调整图层】按钮，在出现的快捷菜单中选择【曲线】，在【曲线】对话框中选择红通道，在正中间位置单击确定调整点，单击位置如图 5.46 所示的【曲线】对话框，然后在输入文本框中输入数值"94"；输出文本框中输入数值"142"；输入后的【曲线】对话框如图 5.47 所示。按照同样的方法，绿通道输入文本框输入数值"112"；输出文本框输入数值"134"；蓝通道输入文本框输入数值"122"；输出文本框输入数值"134"；最终调整后的颜色如图 5.48 所示。

步骤8：将素材文件夹中的"5 炉火纯青\5.3 手机广告\手机 .jpeg"文件拖到 PS 文件中，右击图层，在出现的快捷菜单中选择【栅格化图层】，用【魔棒工具】，【容差】设置为"10"，单击背景，将手机抠取出来。抠取后的效果及位置如图 5.49 所示。

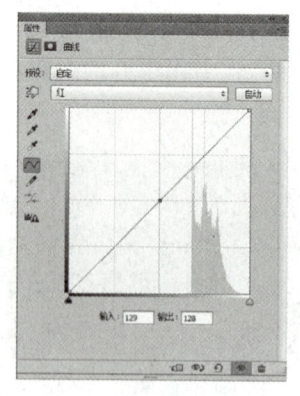

图 5.46 确定调整点　　　　　图 5.47 调整后的点

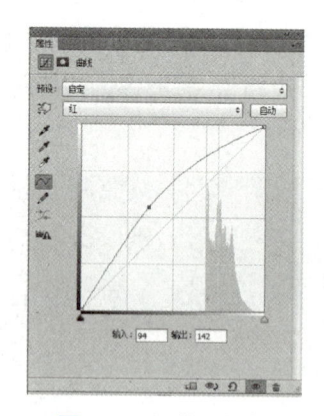

图 5.48 调整后的颜色

图 5.49 抠取手机素材后的效果及位置

步骤 9：按 Ctrl+J 组合键，复制"手机"图层，选择"手机"图层，按 Ctrl+T 组合键，再次按住 Ctrl 键，单击上面中间的"点"拖动。将其变形，变形效果如图 5.50 所示，变形后右击【栅格化图层】。

步骤 10：按住 Ctrl 键单击"手机"图层的缩略图，将其转换为选区，填充一个深灰色。

步骤 11：选择【滤镜】/【模糊】/【高斯模糊】命令，模糊半径设置为"10 像素"，将本图层不透明度设置为"50%"。调整到合适位置，调整后的效果如图 5.51 所示。

图 5.50 将手机变形　　　　　图 5.51 投影效果

步骤 12：打开素材文件夹的"5 炉火纯青 \5.3 手机广告 \ 文案 .txt"文件，将涉及的文案复制进来，"京东小魔方新品日"字体设置为"方正粗雅宋 _GBK"，大小为"50 点"，设置消除锯齿的方法为"平滑"，文字颜色设为"#400065"。

步骤 13："P40 系列享 6 期免息"字体设置为"方正粗雅宋 _GBK"，大小为"30 点"，设置消除锯齿的方法为"平滑"，将"6"这个文字颜色设置为红色。

步骤 14："￥4188 起　立即抢购　活动时间：4 月 22 日"字体设置为"微软雅黑"，大小为"25 点"，设置消除锯齿的方法为"平滑"，将"6"这个文字颜色设置为红色。文案效果如图 5.52 所示。

步骤 15：制作文案背景，在"￥4188 起　立即抢购"图层下按 Ctrl+Shift+N 组合键新建图层，选择【矩形工具】，填充颜色设置为"#dba0fc"，描边设置为"无"。复制一个矩形放到右侧，再次选择【椭圆工具】，制作两个椭圆。分别放置到相应的文字下面。具体位置如图 5.53 所示。

图 5.52　输入文案后效果

图 5.53　绘制矩形和椭圆效果

步骤 16：将右侧的"立即抢购"文字颜色设置为"#dba0fc"，下面的矩形颜色改为"#400065"。调整各个元素位置，具体效果如图 5.54 所示。

步骤 17：最后给文案制作一个边框，选择【矩形工具】，填充设置为"无"，描边颜色设置为"#400065"，绘制矩形框，将矩形框以及上面两行文字所在的 3 个图层选中，选择【水平居中对齐】，将对齐后的矩形框，用【矩形选框工具】将上面中间的部分线选中，删除，删除后的效果如图 5.55 所示。

图 5.54　改变文字和背景色

图 5.55　绘制矩形框后的效果

步骤 18：选中文案部分的所有图层，按 Ctrl+G 组合键，将它们合并成组。可以将其整体移动到合适位置。

步骤 19：最后可以对各个元素的位置进行精细调整，到此为止，手机广告就成功地制作出来了，最终的效果如图 5.41 所示。

总　结

手机 Banner 图的制作，混合模式是神奇的工具，能制作出非常奇妙的效果；在图像合成的时候用得非常多；去黑留白用滤色，这里说的是图像想留亮色。去掉暗色，可以用滤色混合模式；如果用叠加混合模式，会使图像更加鲜艳明亮；如果用柔光的图层混合模式，图像看起来非常自然柔和。

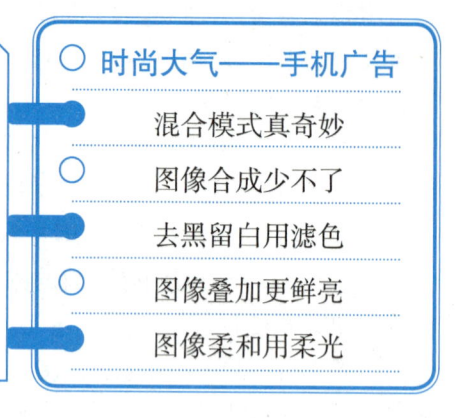

○ 时尚大气——手机广告
- 混合模式真奇妙
- 图像合成少不了
- 去黑留白用滤色
- 图像叠加更鲜亮
- 图像柔和用柔光

5.3.4　新手试练

利用类似的技法制作一个数码产品 Banner 图。

提示：素材可以使用网络搜索，多鉴赏优秀作品，多模仿多借鉴，大家记住"百看不如一练"。抓紧时间去练习吧，会离你的梦想更进一步。

5.4　别具一格——果蔬广告

5.3 节学习了化妆品广告的制作，主要学习了图层混合模式，在图像合成的时候，图层混模式合成效果非常自然，而且效率很高，被喻为合成神器。

5.4.1　提出任务

本节将制作一个如图 5.56 所示的果蔬 Banner 图，配色采用绿色为主，白色为辅，寓意是天然、有机、绿色、健康等。拳无功不精，招无速不灵。只要我们多练习，就会做得既快又好。

水果广告 1

图 5.56　果蔬 Banner 图效果

5.4.2　分析任务

观察如图 5.56 所示的效果图，经过思考分析，本任务可以大概按照以下过程来完成：首先用【钢笔工具】和【图层样式】制作有层次、立体感的背景；其次用【文本工具】和

【图层样式】制作广告标题；再用【文本工具】和【形状工具】制作文案部分效果；最后用【魔棒工具】抠取素材，然后用【污点修复工具】【仿制图章工具】将素材修复完美。

5.4.3 解决任务

下面是别具一格的果蔬广告详细制作步骤。

步骤1：按 Ctrl+N 组合键新建一个文件，宽度为"900像素"，高度为"500像素"，【名称】文本框中输入"水果广告"，其余选项默认设置。

步骤2：将前景色设置为"#00631b"，按 Alt+Delete 组合键填充前景色。

步骤3：按 Ctrl+Shift+N 组合键新建图层，选取【矩形选框工具】，在选项栏的【样式】中选择【固定大小】，宽度设置为"780像素"，高度设置为"260像素"，在背景上单击，填充白色。

步骤4：把步骤3的矩形转换为选区，选择【选择】/【修改】/【扩展】命令，在出现的【扩展选区】对话框中将扩展量设置为"5像素"。选择"背景"图层，按 Ctrl+Shift+N 组合键新建图层，前景色设置为"# 00a747"，按 Alt+Delete 组合键填充前景色，填充后的效果如图 5.57 所示。

步骤5：接下来选择【图层】面板的3个图层，选择【水平居中对齐】。

步骤6：选择"背景"图层，按 Ctrl+Shift+N 组合键新建图层，用【钢笔工具】勾画一个形状，如图 5.58 所示。

图 5.57 有绿色描边的白色矩形　　图 5.58 钢笔绘制的形状路径

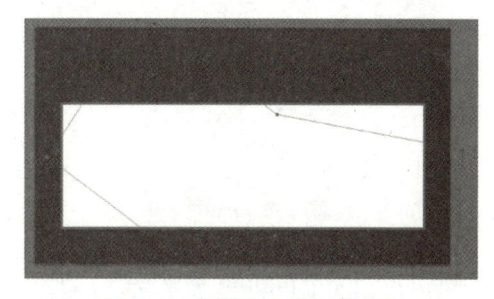

步骤7：按 Ctrl+Enter 组合键，转换选区，前景色设置为"# 028626"，按 Alt+Delete 组合键，填充前景色。

步骤8：选择【添加图层样式】按钮，在出现的菜单中选择【投影】，在投影【图层样式】对话框中，混合模式设置为正常，颜色为"# 014714"，距离设置为"2像素"，大小为"80像素"，单击【确定】按钮，添加投影后的效果如图 5.59 所示。

步骤9：再次选择"背景"图层，按 Ctrl+Shift+N 组合键新建图层，再次用【钢笔工具】绘制一个形状，按 Ctrl+Enter 组合键转换选区，将前景色设置为"# 028626"，按 Alt+Delete 组合键填充前景色。

步骤10：右击"图层3"，在出现的快捷菜单中选择【拷贝图层样式】，右击"图层4"，在出现的快捷菜单中选择【粘贴图层样式】，整个设计的层次背景就制作出来了，粘贴后的效果如图 5.60 所示。

图 5.59　添加投影后的效果　　　　　图 5.60　再次绘制一个形状后的效果

步骤 11：将除了"背景"图层以外的所有图层选中，按 Ctrl+G 组合键成组，组名为"背景"。

步骤 12：对主题文字"限时秒杀"，选择【文本工具】，字体设置为"方正超粗黑简体"，大小设置为"48 点"，设置消除锯齿的方法为"平滑"，颜色设置为"白色"。

步骤 13：选择【图层】面板的【添加图层样式】按钮，在出现的菜单中选择【斜角和浮雕】，【样式】选择"描边浮雕"，方法设置为"平滑"，大小设置为"5 像素"，【斜面和浮雕】图层样式对话框如图 5.61 所示。

步骤 14：继续添加【描边】图层样式，大小设置为"2 像素"，填充类型选择"渐变"，渐变颜色，左色标设置为"#008932"，右色标设置为"#005d1a"。【描边】图层样式对话框如图 5.62 所示。

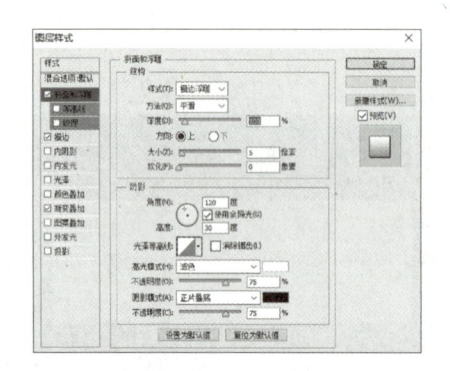

图 5.61　【斜面和浮雕】图层样式对话框 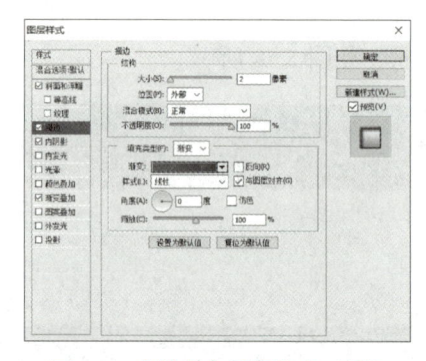　　　　图 5.62　【描边】图层样式对话框

步骤 15：继续添加【渐变叠加】图层样式：左色标设置为"#61a20d"，右色标设置为"白色"。将右色标向左拖动，具体位置如图 5.63 所示的【渐变编辑器】对话框，【渐变叠加】图层样式对话框如图 5.64 所示。

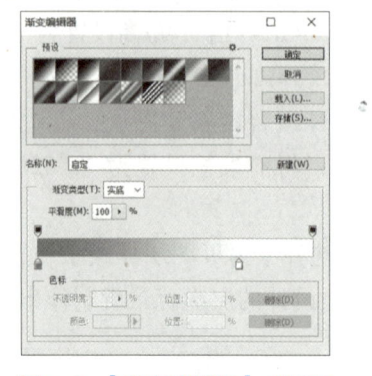

图 5.63　【渐变编辑器】对话框 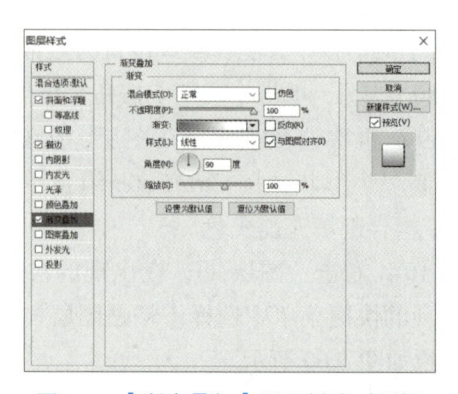　　　　图 5.64　【渐变叠加】图层样式对话框

步骤 16：经过 3 个图层样式的设置，主题文字效果如图 5.65 所示。

步骤 17：按 Ctrl+Shift+N 组合键新建图层，选择【矩形选框工具】，样式选择"固定大小"，宽度设置为"245 像素"，高度设置为"33 像素"，前景色设置为"# fecf71"，按 Alt+Delete 组合键填充前景色，按 Ctrl+D 组合键取消选区。

步骤 18：按 Ctrl+Shift+N 组合键新建图层，选择【椭圆选框工具】拖动出一个椭圆选区，按 Alt+Delete 组合键填充前景色，按 Ctrl+D 组合键去掉选区，绘制矩形和椭圆形效果如图 5.66 所示。

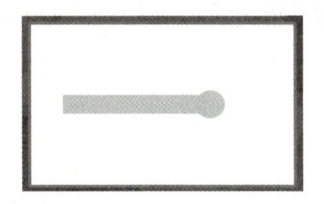

图 5.65　主题文字效果　　　　　图 5.66　矩形和椭圆效果

步骤 19：选择【椭圆工具】，填充设置为无，描边颜色设置为"#fecf71"，描边宽度为"2 点"，按住 Shift 键绘制一个正圆形。按 Ctrl+T 组合键改变一下椭圆的形状、位置，效果如图 5.67 所示，后面可以根据需要调整位置。

步骤 20：选择【直线工具】，绘制一条直线，效果如图 5.68 所示。

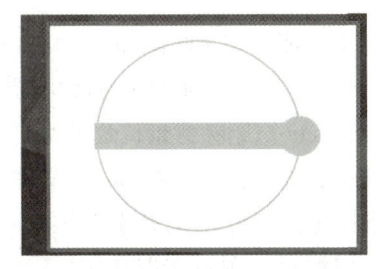

图 5.67　绘制椭圆后的效果　　　　图 5.68　绘制直线效果

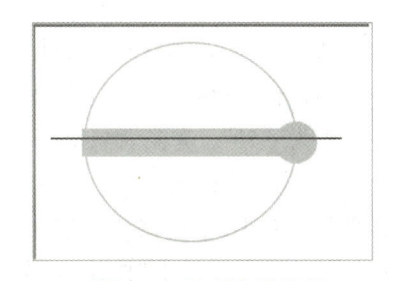

步骤 21：按 Ctrl+T 组合键旋转"50°"，右击"椭圆 1"图层，将其栅格化。

步骤 22：用【矩形选框工具】绘制一个选区，放置位置如图 5.69（a）所示。然后将选中的椭圆框删除。右下角也采用同样的操作，位置如图 5.69（b）所示。删除旋转 50°的参考斜线，效果如图 5.70（a）所示。

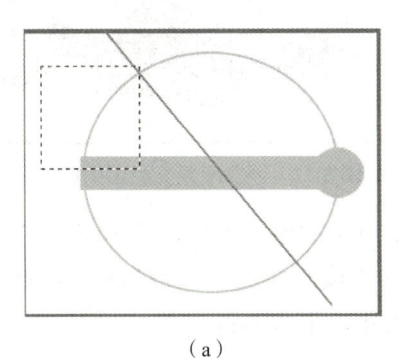

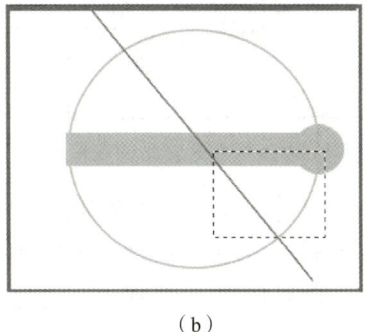

（a）　　　　　　　　　　　　　（b）

图 5.69　删除左、右的扇形

步骤23：选择【画笔工具】，笔尖选择【硬边圆】，大小设置为"15像素"，在图像的椭圆边单击。绘制出如图5.70（a）所示的效果。

步骤24：打开素材文件夹的"5 炉火纯青\5.4 果蔬广告\文案.txt"文件，复制"高端食材，经典果蔬"文字，字体设置为"方正兰亭中粗黑"，大小为"30点"，设置消除锯齿的方法为"平滑"，颜色设置为"#005f1a"；"即采即摘第2件半价抢购"字体设置为"微软雅黑"，大小为"16点"，设置消除锯齿的方法为"平滑"，颜色设置为"#005f1a"，"抢购"两个字加粗。"仅限8月1—7日"，字体设置为"微软雅黑"，"20点"，"平滑"，颜色设置为"#005f1a"。文案设计好后的效果如图5.70（b）所示。

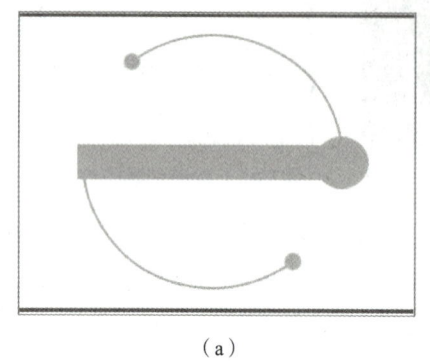

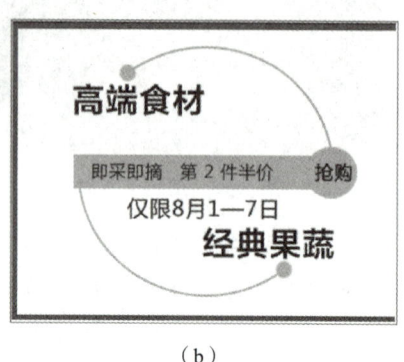

（a）　　　　　　　　　　　　（b）

图 5.70　添加两个小圆及文案后效果

步骤25：将素材文件夹的"5 炉火纯青\5.4 果蔬广告\柠檬.jpg"文件拖进PS文件中来，将其变小，右击"柠檬"图层，在出现的快捷菜单中选择【栅格化图层】，选择【魔棒工具】，容差设置为"50"，单击背景部分，按Delete键删除背景，效果如图5.71所示。

步骤26：将素材文件夹的"5 炉火纯青\5.4 果蔬广告\水果.png"文件拖进PS文件中来，将其变到合适大小，【栅格化图层】，选择【污点修复工具】将杧果图像上的污点去掉，再利用【仿制图章工具】，按住Alt键选取源点，源点选取在杧果看起来成色比较好的位置，将杧果有污点的部分修复好，修复后的效果如图5.72所示。

图 5.71　添加柠檬素材后的效果　　　图 5.72　添加水果素材后的效果

步骤27：利用【钢笔工具】将如图5.72所示的樱桃水果勾选出来，按Ctrl+Enter组合键将其转换成选区，按Ctrl+C组合键复制，再按Ctrl+V组合键粘贴，调整大小和位置，用来丰富画面，效果如图5.73所示，到此为止，果蔬Banner图制作成功，最终效果如图5.56所示。

图 5.73　复制后的效果

> **总　结**
>
> 制作果蔬广告时，图层样式是非常强大的工具，可以给图像添加描边，内、外阴影，内、外发光，颜色，渐变，图案叠加，斜角浮雕等多种样式，添加后图像立即显现出很强的质感，画面变得立体有层次，添加图层样式后，无论是水果还是蔬菜，效果就变得非常环保和新鲜。

○ 别具一格——果蔬广告
　图层样式真强大
○ 质感光影有变化
　立体投影快速显
○ 图案渐变相叠加
　水果蔬菜不能差

5.4.4　新手试练

利用类似的技法、创意制作一个生鲜果蔬 Banner 图。

提示：素材可以从网上搜索获取，多鉴赏优秀作品，多模仿多借鉴。久练为熟，久熟为巧，熟能生巧，巧能生精。

5.5　美轮美奂——香水广告

5.4 节学习了果蔬 Banner 图的制作，用到了多次【图层样式】，【图层样式】是 Photoshop 提供了大量可以应用到图层的自动效果，包括投影、发光、斜角和浮雕等，根据需要还可以自定义各效果的参数并复合使用，从而制作出非常不错的效果。

香水广告

5.5.1　提出任务

本小节将制作如图 5.74 所示的时尚、高贵、精致的香水 Banner 图，虽然有些复杂，只要努力学习，就会达成"朝朝用心学，时时记在心，功夫如此练，必成智慧人"。

125

图 5.74 香水 Banner 图

5.5.2 分析任务

观察如图 5.74 所示的 Banner 图，思考一下大概制作过程，通过观察与分析，可以按照如下过程来完成效果图的制作：首先利用【图层混合模式】【蒙版】来制作炫酷背景；其次是利用【图层混合模式】【蒙版】来制作烟雾的效果；再次利用【图层混合模式】【蒙版】来制作图案效果。最后用【图层混合模式】以及【色相/饱和度】来调整颜色。从这里可以看出，【图层混合模式】和【蒙版】用的次数非常多，由此可见它们的重要性了。

5.5.3 解决任务

一技在手，天下我有，接下来看一下这个美轮美奂的香水 Banner 图的具体操作步骤。

步骤 1：按 Ctrl+N 组合键新建一个文件，名称输入"香水广告"，宽度为"950 像素"，高度为"540 像素"，其余选项默认设置。

步骤 2：用【径向渐变】渐变填充背景，左色标为"#4d1268"，右色标为"#260331"，从中心点向四周拖动，填充一个中间亮、四周暗的背景效果，如图 5.75 所示。

步骤 3：将素材文件夹的 "5 炉火纯青\5.5 香水广告\星空.jpg" 文件拖到 PS 文件中来。按 Ctrl+T 组合键改变文件大小，使其铺满整个背景，选择图层混合模式的【滤色】，将不透明度设置为 "20%"，效果如图 5.76 所示。

图 5.75 填充背景后的效果　　图 5.76 添加星空后的效果

步骤 4：将素材文件夹的 "5 炉火纯青\5.5 香水广告\花.jpeg" 文件打开，观察到花的颜色和周边颜色分界线比较分明，用【快速选择工具】将花抠取出来，按 Ctrl+C 组合键复制，返回"香水广告"文件，按 Ctrl+V 组合键粘贴。

步骤5：看到花朵边缘有暗影，可以利用以前学到的方法，按住Ctrl键单击"花"所在图层的缩略图转换选区，选择【选择】/【修改】/【羽化】命令，羽化半径为"2像素"，再次选择【选择】/【修改】/【收缩】命令，收缩量为2像素，按Ctrl+Shift+I组合键反选，按Delete键删除边缘，效果如图5.77所示。

步骤6：单击【图层】面板中的【创建新的填充或调整图层】，在出现的快捷菜单中选择【曲线】，将花朵颜色调亮，右击【曲线】调整图层，在出现的快捷菜单中选择【创建剪贴蒙版】，选择"花""曲线"两个图层，按Ctrl+E组合键合并图层。

步骤7：按Ctrl+J组合键复制合并图层，选择复制的图层，选择【图层混合模式】里面的【叠加】，改变不透明度的值为"30%"。再次选择两个图层，再次合并图层。

步骤8：选择合并图层，选择【画笔工具】，画笔笔尖形状选择【柔边圆】，颜色为"黑色"，选项栏的不透明度设置为"40%"，在花朵边缘擦除，添加【外发光】的图层样式，外发光颜色为"#4e0a65"，大小设置为"80"，效果如图5.78所示。

图5.77 抠取花朵后的效果

图5.78 调整后的花朵

步骤9：将素材文件夹的"5 炉火纯青\5.5 香水广告\小水波.jpg"文件打开，选择【椭圆选框工具】，羽化设置为"20像素"。绘制一个如图5.79所示的选区，按Ctrl+C组合键复制。

步骤10：回到"香水广告"文件中来，按Ctrl+V组合键粘贴，再次添加【蒙版】，用黑色的【画笔工具】将边缘擦除到合适的效果。按Ctrl+J组合键复制图层，将复制的小水波缩小，效果如图5.80所示。

图5.79 选区范围

图5.80 粘贴两次后的水波效果

步骤11：将素材文件夹的"5 炉火纯青\5.5 香水广告\大水波.jpg"文件拖到PS文件中来，按Ctrl+Shift+]组合键将其调整到最上层，从这个素材的水印可以看出，图片素材来自昵图网，效果如图 5.81 所示。

步骤 12：右击图层，在出现的快捷菜单中选择【栅格化图层】，用【矩形选框工具】将图像左边的部分框选出来。然后按 Ctrl+T 组合键向左拖动，将图像加宽，按 Ctrl+D 组合键去掉选区，调整水波后的效果如图 5.82 所示。

图 5.81　加入水波效果　　　　　　　　图 5.82　粘贴两次后的水波效果

步骤 13：选择图层混合模式中的【滤色】，添加【蒙版】，用黑色【画笔工具】将边缘擦除，让此图层图像很好融入背景中，效果如图 5.83 所示。

步骤 14：将素材文件夹的"5 炉火纯青\5.5 香水广告 \ 烟雾 .jpg"文件拖到"香水广告"文件中来，选择【图像】/【调整】/【反相】命令，按 Ctrl+T 组合键，右击分别选择【水平翻转】【垂直翻转】各一次，调整大小和位置，重复步骤 13，将不要的效果进行擦除，效果如图 5.84 所示。

图 5.83　调整后的水波效果　　　　　　图 5.84　添加烟雾效果

步骤 15：单击【图层】面板中的【创建新的填充或者调整图层】，在出现的快捷菜单中选择【色相 / 饱和度】，调整色相的数值为 "–163"。右击图层，在出现的快捷菜单中选择【创建剪贴蒙版】，【色相 / 饱和度】对话框如图 5.85 所示。

步骤 16：按 Ctrl+Shift+N 组合键新建图层，前景色设置为 "#98097b"，按 Alt+Delete 组合键填充前景色，在图层混合模式中选择【颜色】，单击【图层】面板下面的【添加矢量蒙版】，选择黑白的线性渐变，【渐变编辑器】对话框如图 5.86 所示。

步骤 17：鼠标由上到下拖曳，填充上黑下白的颜色到图层蒙版，设置不透明度为 "40%"。

步骤 18：将除背景外其他图层都选中，然后按 Ctrl+G 组合键组合成组。

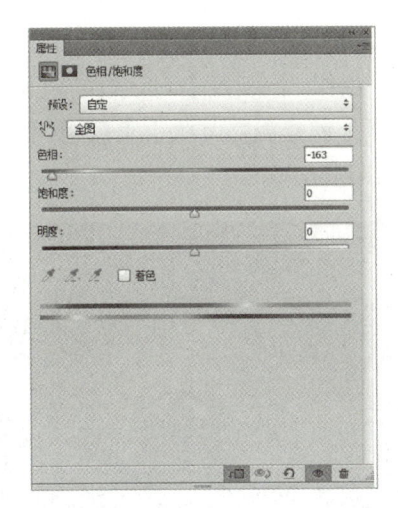

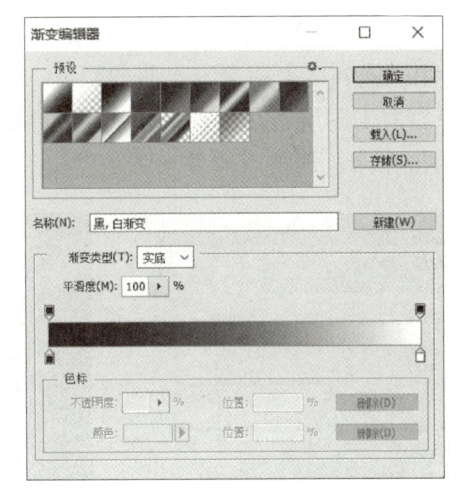

图 5.85 【色相/饱和度】对话框　　　　图 5.86 【渐变编辑器】对话框

步骤 19：将素材文件夹的"5 炉火纯青\5.5 香水广告 \1.jpg"文件拖到 PS 文件中来，右击图层在出现的快捷菜单中选择【栅格化图层】，依然用【快速选择工具】将花抠取出来。对花边的暗影，重复步骤 5，将收缩量改变为"1"像素，如图 5.87 所示。

步骤 20：调整花的大小和方向，用【钢笔工具】将其中一个花瓣抠选出来，如图 5.88 所示。

图 5.87　抠取出来的花朵　　　　图 5.88　钢笔工具选中花瓣

步骤 21：调整花及花瓣的大小和位置，将其放置到如图 5.89 所示位置。

步骤 22：将素材文件夹的"5 炉火纯青\5.5 香水广告 \ 香水瓶 .jpg"文件拖到 PS 文件中来，选择【魔棒工具】，容差设置为"50 像素"，将香水瓶抠取出来。

图 5.89　花及花瓣所放置的位置及效果

129

步骤23：单击【图层】面板中的【创建新的填充或者调整图层】，在出现的快捷菜单中选择【色相/饱和度】调整香水瓶的颜色，在【色相/饱和度】对话框的色相文本框中输入"+18"，右击图层，在出现的快捷菜单中选择【创建剪贴蒙版】，【色相/饱和度】对话框如图5.90所示，调整后的香水瓶颜色如图5.91所示。

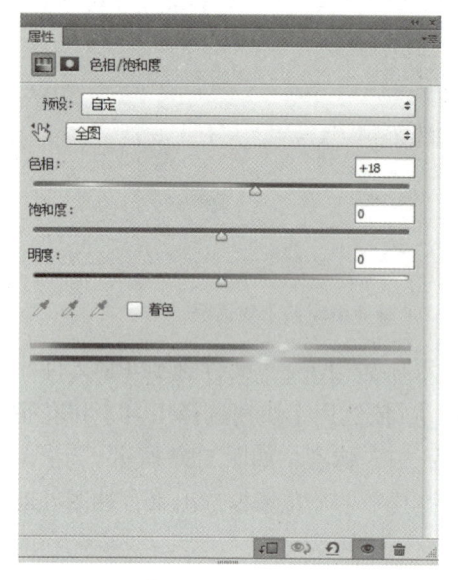

图 5.90 【色相/饱和度】对话框　　　　图 5.91 调整颜色后的香水瓶

步骤24：选择【橡皮擦】工具，画笔预设里选择【柔边圆】，然后将香水瓶下边缘擦除，擦除后的效果如香水瓶放置在水波里面。擦除后的效果如图5.92所示。

步骤25：打开素材文件夹的"文案.txt"文件，将文字复制到Photoshop中，"Classic-Forever"字体设置为"全新硬笔行书简"，大小设置为"39点"，颜色设置为"#9337c7"；"魅力女性 经典永恒"字体设置为"全新硬笔行书简"，大小设置为"29点"，颜色设置为"#980555"，仿粗体。

步骤26："新品首发 全场5折起"字体设置为"方正兰亭黑"，大小设置为"18点"，"白色"；"5"设置为"24点"，颜色设置为"#fbf204"。文字效果如图5.93所示。

步骤27：给文案添加一个背景，选择【矩形工具】，填充黑色，描边颜色设置为"#dba0fc"，描边宽度设置为"1像素"，矩形宽度设置为"203像素"，高度设置为"29像素"。

步骤28：按Ctrl+J组合键复制图层，填充颜色设置为"#750b96"，分别向左和向上移动5个像素，效果如图5.94所示。

步骤29："活动时间：仅限7月1—7日"字体设置为"新宋体"，大小设置为"15点"，颜色设置为"#dba0fc"，"1""7"两个数字的文字大小调整为"21点"，"立即抢购>>"字体设置为"新宋体"，大小设置为"15点"，复制步骤27制作的矩形，改变大小，去掉描边，放到如图5.95所示的位置。

图 5.92 擦除底部的香水瓶效果

图 5.93 文字效果

图 5.94 添加文案背景效果

图 5.95 文案效果 1

步骤 30：将刚才制作的这些文案图层选中，按 Ctrl+G 组合成组，并命名为"文案"，将部分文字进行右对齐。

步骤 31：将"释放你的美"字体设置为"全新硬笔行书简"，颜色设置为"白色"，大小不一，"释"大小设置为"60 点"，"放"和"你"大小设置为"40 点"，"的"大小设置为"27 点"，"美"大小设置为"82 点"，因为这几个字只是装饰所以不需要太清晰，选择图层混合模式【叠加】，文案效果如图 5.96 所示。

图 5.96 文案效果 2

步骤 32：最后可以对整个图像进行润色，该突出的突出，该强调的强调。文案部分需要突出一下，所以用【橡皮擦工具】将文案后面的"星空"图层部分擦除。花瓣边缘的烟雾再擦除一下，最终效果如图 5.74 所示，到此为止，香水 Banner 图成功制作出来了。

总　结

制作美轮美奂的香水 Banner 图，酷炫效果特别奇妙；制作出这样的效果，混合模式是少不了的；效果多少可随意，适合就好；蒙版在很多图像合成时都会用到，所以一定要掌握好，做完以后的香水广告图有没有像"梨花院落溶溶月，柳絮池塘淡淡风"的意境呢！

- 美轮美奂——香水广告
  - 酷炫效果真奇妙
  - 混合模式不可少
  - 效果多少可随意
  - 蒙版必须掌握好
  - 梨花院落溶溶月
  - 柳絮池塘淡淡风

5.5.4　新手试练

本节检测任务是利用类似的技法制作一个时尚、优雅的女性产品 Banner 图。素材可以从网上获取，多鉴赏优秀作品，多模仿多借鉴。"宁传十艺，不传一理"。多做勤练，量变达质变。

思政园地

量变达质变：做事要懂得坚持，往往短期没有达到预期效果是因为学习、训练没有达到量，因此也就没有质变，因此学习、做事一定要树立脚踏实地、坚韧不拔的精神，懂得凡事从点滴小事做起，急于求成、欲速不达。

5.6　匠心独运——年中大促

每一家网店的首页都会有活动海报的展示，它不仅是宣传网店活动的一种表达方式，更是吸引买家关注网店的重要手段，活动海报是网店重要的特色之一。

制作精美的活动海报在于吸引买家的目光，从而下单购买商品。但海报内容不能仅传达优惠信息，还应加一些限制条件，比如限制数量、限时时间等。

活动广告

思政园地

创新思维：本案例立体字是多次尝试 PS 滤镜创新制作出来的，创新设计可以为企业品牌赋予形象，提高其辨识度，让消费者形成情感认同，提升其忠诚度。而创新不但是企业的生存之道，同时也是国家强国之路，创新强国需要创意设计。

5.6.1　提出任务

如图 5.97 所示的有很强视觉冲击力的"年中大促"活动 Banner 图，就是本节要完成的任务，大家记住"拳打千遍，身法自然"。多做勤练，自己的功夫就会渐进佳境直到炉火纯青。

图 5.97 年中大促活动 Banner 图

5.6.2 分析任务

观察图 5.97 所示的活动 Banner 图，思考分析一下案例大概制作过程。

这个案例可以大概按照以下的制作过程来制作：首先用【钢笔工具】【色相/饱和度】以及【图层混合模式】制作出背景；其次用【钢笔工具】【渐变填充工具】来制作装饰条；再次用【滤镜】和【图层混合模式】制作立体字；最后用【自定形状工具】和【画笔工具】制作优惠券。

5.6.3 解决任务

一技在手，天下我有。接下来就一步一个脚印地制作这个匠心独运的年中大促活动 Banner 图，具体操作步骤如下。

步骤 1：按 Ctrl+N 组合键新建一个文件，名称文本框输入"年中大促"，宽度为"1920 像素"，高度为"540 像素"，其余选项默认设置。

步骤 2：需要精确绘图，因此将标尺和网格显示出来，按 Ctrl+R 组合键将标尺显示出来，再选择【视图】/【显示】/【网格】命令，显示网格线，拖动 4 条辅助线，外侧两条距离左、右边框 3 个格；里侧辅助线距离外侧辅助线 3 个格，如图 5.98 所示。

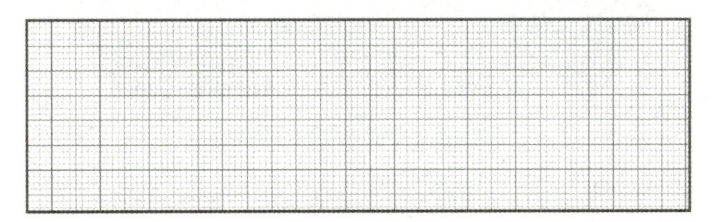

图 5.98 网格线

步骤 3：用【钢笔工具】绘制形状，如图 5.99 所示。按 Ctrl+Enter 组合键，将其转化为选区，按 Ctrl+Shift+N 组合键新建图层，将前景色设置为"#ad0042"，按 Alt+Delete 组合键填充前景色，填充后的效果如图 5.100 所示。

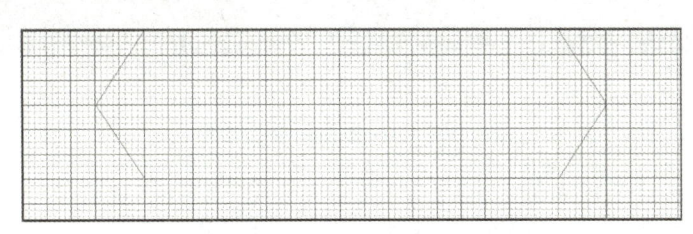

图 5.99 用【钢笔工具】绘制形状

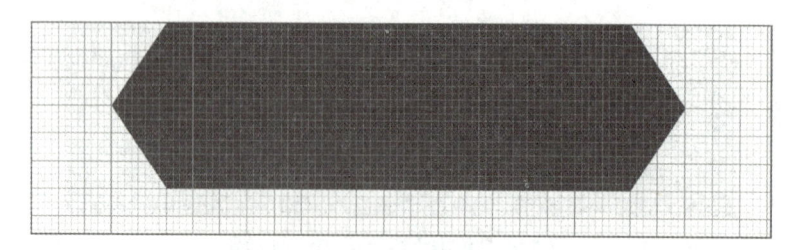

图 5.100　填充颜色的效果

步骤4：用【钢笔工具】绘制如图5.101所示的闭合选区，重复步骤3。

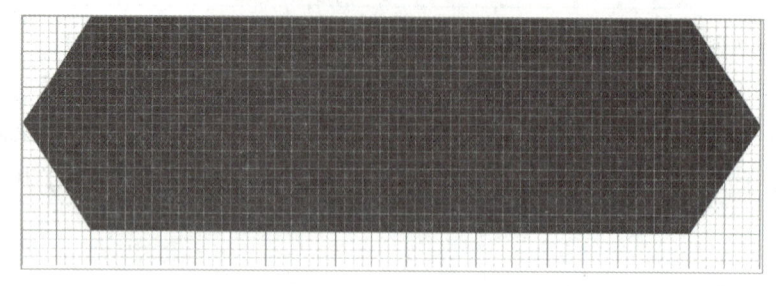

图 5.101　用【钢笔工具】绘制路径及填充效果

步骤5：接下来将网格、标尺隐藏，添加【外发光】图层样式，在【图层样式】对话框中，混合模式选择正常，外发光颜色设置为"#800232"，大小为"20像素"，单击【确定】按钮。

步骤6：右击"图层1"，在快捷菜单中选择【拷贝图层样式】，右击"图层2"，【粘贴图层样式】，设置外发光后的效果如图5.102所示。

图 5.102　设置外发光后的效果

步骤7：双击"背景"图层，将其变成普通"图层0"，填充前景色，并将其底端和另外两个图层【底对齐】，将3个图层都选中，将其移动到如图5.103所示的位置。

图 5.103　3个图层所在的位置

步骤8：将素材文件夹的"5 炉火纯青\5.6 年中大促\背景材质.jpg"文件拖进PS文件最底层中，将文件水平拉伸直到铺满背景，单击【图层】面板中的【创建新的填充或者调整图层】，在出现的快捷菜单中选择【色相/饱和度】，设置色相为"350"，饱和度为"65"，明度为"-4"，【色相/饱和度】对话框如图 5.104 所示，调整后的效果如图 5.105 所示。

图 5.104 【色相/饱和度】对话框

图 5.105 调整后的效果

步骤 9：将素材文件夹的"5 炉火纯青\5.6 年中大促\高光.jpg"文件拖到 PS 文件中来，按 Ctrl+J 组合键复制图层，按 Ctrl+T 组合键，右击，在出现的快捷菜单中选择【水平翻转】，将两个图层并排放置，如图 5.106 所示，按 Ctrl+E 组合键，合并两个图层。

图 5.106 置入高光复制并排放置

步骤 10：选择图层混合模式的【滤色】，并将高光文件拖到文件的中心位置。

步骤 11：单击【图层】面板底下的【添加矢量蒙版】，选择【画笔工具】，画笔预设选择【柔边圆】，前景色设置为"黑色"，将"高光副本"图层的边缘擦除，让其很好地融入背景当中，效果如图 5.107 所示。

图 5.107 高光滤色调整后的效果

步骤 12：接下来制作"立体字"效果，按 Ctrl+N 组合键新建一个文件，名称文本框输入"立体字"，宽度为"800 像素"，高度为"800 像素"，其余选项默认设置，将背景填充为"黑色"。

135

秘籍一点通：注意一定要建立正方形的文件，最后才能成功创建立体字。

步骤 13：选择【文本工具】，字体设置为"方正兰亭大黑简体"，字的大小设置为"150"点，输入"年终大促"四个字。文字颜色选择"白色"。

步骤 14：将背景层和文字图层都选中，然后选择选项栏中的【水平居中对齐】【垂直居中对齐】，效果如图 5.108 所示。

步骤 15：按 Ctrl+J 组合键复制文字图层，并将其图层隐藏，单击合并可见图层。选择【滤镜】/【扭曲】/【极坐标】命令，在【极坐标】对话框中选择【极坐标到平面坐标】，【极坐标】对话框如图 5.109 所示，单击【确定】按钮后，效果如图 5.110 所示。

图 5.108　文字效果 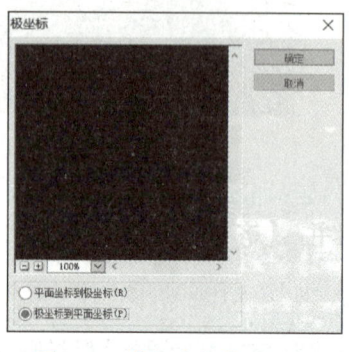　　图 5.109　【极坐标】对话框 　　图 5.110　极坐标滤镜后的效果

步骤 16：按 Ctrl+T 组合键，顺时针旋转"90°"，再选择【滤镜】/【风格化】/【风】命令，方向为"从左"，单击【确定】按钮，【风】滤镜对话框如图 5.111 所示。多按几次 Ctrl+F 组合键重复【风】滤镜的操作。效果如图 5.112 所示，如果觉得效果不够明显，可以再多按几遍 Ctrl+F 组合键。

步骤 17：再按 Ctrl+T 组合键，逆时针旋转"-90°"，再次选择【滤镜】/【扭曲】/【极坐标】命令，在【极坐标】对话框中选择【平面坐标到极坐标】，单击【确定】按钮后，效果如图 5.113 所示。

图 5.111　【风】滤镜对话框 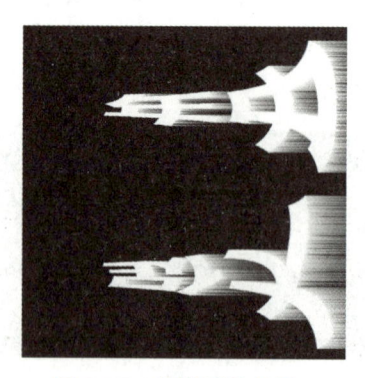　　图 5.112　调整后的效果 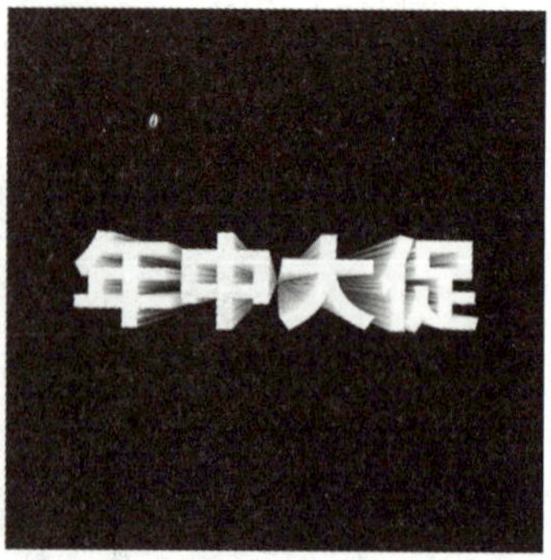　　图 5.113　极坐标滤镜后的效果

步骤 18：选择【魔棒工具】，【容差】设置为"50"，单击背景图层，然后按 Ctrl+Shift+I 组合键反选，按 Ctrl+C 组合键复制，再按 Ctrl+V 组合键粘贴，显示原来隐藏的文字图层。

步骤 19：选择复制出来的"图层 1"和"年中大促 副本"。按 Ctrl+G 组合键成组，命名为"立体字"，右击，在出现的快捷菜单中选择【复制组】，在【复制组】对话框中目标文档选择"年中大促.psd"，【复制组】对话框如图 5.114 所示。

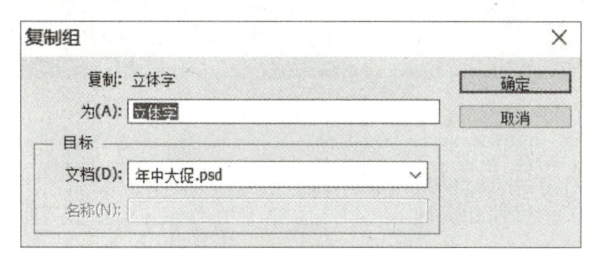

图 5.114 【复制组】对话框

步骤 20：返回到"年中大促"文件中。调整位置，效果如图 5.115 所示。

步骤 21：在"立体字"文字组中，选择下面的阴影图层，然后选择【色相/饱和度】，调整立体字背景颜色，【色相/饱和度】对话框如图 5.116 所示，色相设置为"360"，饱和度设置为"70"，明度设置为"–67"。

图 5.115 复制立体字效果　　　　图 5.116 【色相/饱和度】对话框

步骤 22：右击"年中大促"文字所在的图层，在出现的快捷菜单中选择【栅格化文字】，然后按 Ctrl 键单击图层缩略图，转换选区，选择【线性渐变】，左色标设置为"#ffff00"，右色标设置为"#950221"，然后从上到下拖动进行填充，效果如图 5.117 所示。

图 5.117 填充立体字

步骤 23：选择【加深工具】，对立体字的阴影部分以及"图层 2"两部分内容颜色进行加深，加深效果如图 5.118 所示。

图 5.118　加深阴影及背景

步骤24：将素材文件夹中的"5 炉火纯青\5.6 年中大促 \ 光束 .jpg"文件拖到 PS 文件中，右击图层，在出现的快捷菜单中选择【栅格化图层】，选择【滤色】图层混合模式，放置到右上角，按 Ctrl+J 组合键复制一个，将其放置到左下角，可以将其缩小，用【橡皮擦工具】将白色的边缘擦除掉，最后放置的位置如图 5.119 所示。

图 5.119　添加光束后的效果

步骤25：在立体字的上面用【钢笔工具】绘制一个的形状，按 Ctrl+Enter 组合键转化为选区。前景色设置为"#920237"，按 Alt+Delete 组合键填充前景色，然后单击【图层】面板下面的【添加图层样式】，在快捷菜单中选择【投影】，在【投影图层样式】对话框中，将距离和大小都设置为"5 像素"，其他选项默认即可，填充设置投影后的效果如图 5.120 所示。

图 5.120　填充设置投影后的效果

步骤26：选择"图层 1"，新建图层，用【钢笔工具】绘制一个形状，如图 5.121 所示，转换选区，选择【线性渐变】，左色标设置为"#77022d"，右色标设置为"#510112"。由右向左填充，调整一下位置，填充效果如图 5.122 所示。

图 5.121　钢笔绘制形状　　　　图 5.122　填充颜色后的效果

步骤 27：按住 Alt 键拖动复制一个放到右边的位置，按 Ctrl+T 组合键，水平翻转，调整到合适位置，绘制后的效果如图 5.123 所示。

图 5.123　绘制两个三角形后的效果

步骤 28：将素材文件夹中的"5 炉火纯青\5.6 年中大促\文案.txt"打开，复制需要的文字，"全场 5 折包邮时间仅限：4 月 25—27 日"字体设置为"黑体"，大小为"26 点"，设置消除锯齿的方法为"平滑"，"白色"，后面的"时间仅限：4 月 25—27 日"大小设置为"20 点"，效果如图 5.124 所示。

图 5.124　添加文字后的效果

步骤 29：单击【图层】面板下面的【创建新组】按钮，名字设置为"购物券1"，选择【矩形选框工具】，样式设置为"固定大小"，宽度设置为"238 像素"，高度设置为"80 像素"，前景色设置为"#8c0435"，填充前景色。

步骤 30：再次选择【矩形选框工具】，样式设置为"固定大小"，宽度设置为"80 像素"，高度设置为"80 像素"，前景色设置为"#edee6d"，填充前景色。

步骤 31：将两个矩形图层选中，选择【顶对齐】【右对齐】，按 Ctrl+E 组合键合并图层，选择【内发光】的图层效果，在【图层样式】对话框中，颜色选择"#ffffbe"，大小设置为"3"像素，效果如图 5.125 所示。

步骤 32：选择【直线工具】，无填充，设置形状描边宽度为"1 点"，描边颜色为"#edee6d"，【设置形状描边类型】为第三个样式，在两个矩形连接处绘制一条竖线，绘制效果如图 5.126 所示。

图 5.125　绘制两个矩形效果　　　　图 5.126　竖线效果

步骤 33：按 Ctrl+Shift+N 组合键新建图层，选择【自定形状工具】的【剪刀1】，填充颜色设置为"#f2db39"，拖动鼠标绘制一个剪刀形状，如图 5.127 所示。

步骤34：购物的文案，"￥"设置字体为"微软雅黑"，字体大小设置为"18点""白色"，"30"设置字体为"方正兰亭大黑简体"，字体大小设置为"30点"，"白色"。"进店即可领取"设置字体为"黑体"，字体大小设置为"15点"，文字颜色设置为"# edee6d"。"领取>满200使用"设置字体为"黑体"，字体大小设置为"17点"，"平滑"，文字颜色设置为"# 1c1c1c"，最后绘制文案的购物券效果如图5.128所示。

图5.127　绘制剪刀效果　　　　　　　图5.128　绘制文案效果

步骤35：复制"购物券1"两次，调整位置，修改里面的数字，修改后的效果如图5.129所示，选择3个购物券组，然后选择【顶对齐】【水平居中分布】。

图5.129　添加3组购物券效果

步骤36：观察一下设计效果，将细节、不足之处进行处理和润色，选中"高光"图层，添加蒙版，用预设画笔为【柔边圆】的笔尖，将边缘擦除。

步骤37：选择"图层2"，选择【减淡工具】，曝光度设置为60%，将图像上部分颜色减淡，调整后的效果如图5.130所示。

图5.130　调整后的效果

步骤38：到此为止，年中大促最终的效果图就成功制作出来了，最终效果如图5.97所示。

总　结

匠心独运——年中大促 Banner 图的制作，尽量有很强的立体冲击效果；不能缺少活动信息，尽量有限时限量甚至噱头词等促销信息；滤镜特效真奇妙，可以做出神奇的特殊效果；合成图像离不开图层混合模式，而合成的奥秘是蒙版。

- **匠心独运——年中大促**
  - 立体冲击不可少
  - 活动信息不可无
  - 限量限时有噱头
  - 滤镜特效真奇妙
  - 合成图像用混合
  - 合成奥秘是蒙版

5.6.4　新手试练

利用类似的技法，创意制作一个促销活动 Banner 图，提示：素材可以从网上获取，多鉴赏优秀作品，多模仿多借鉴。有句话叫"要练惊人艺，须下苦功夫"。抓紧时间去练习吧，每天进步一点点。

学习情境6　登峰造极——网店首页的设计与制作

教学目标

▎知识能力目标▎

（1）了解网店首页内涵。
（2）了解网店首页布局。
（3）熟练掌握网店首页布局原则。
（4）了解网店首页风格。
（5）熟练掌握首页各个模块的制作。
（6）熟练掌握多个形状叠加的使用方法和技巧。

素材

▎思政素养▎

（1）有意识学会赏析、分析，培养自己审美能力，强化职业素养。
（2）了解关于肖像权、著作权、版权等方面知识。
（3）调动学生的积极性和主动性，培养敬业精神。
（4）培养学生的爱国情怀，深入理解实现中华民族伟大复兴的重大意义。
（5）理解团队协作的重要性，培养团队协作精神。

网店首页是店铺形象的展示窗口，决定了店铺的整体风格，是引导消费者、提高转化率和成交量的重要页面，如图6.1所示的某旗舰店首页上部。

图 6.1　某旗舰店首页上部

店铺装修的好坏直接影响店铺品牌宣传和买家的购物体验。好的店铺装修像专卖店,更容易赢得买家的信任。而没有装修的店铺则像摆地摊,因此店铺首页的视觉设计至关重要。

下面会通过大量的经典案例进行问题分析和知识点学习,我们要学会分析、赏析、借鉴,从案例中掌握学习的内容,从案例中寻找设计灵感,提升自己的审美能力,强化职业素养。

6.1 流量入口——网店首页

6.1.1 首页布局

一般店铺首页都规划哪些模块,这些模块又是如何布局的呢?下面通过天猫"华为官方旗舰店"的主页解析一下如何对一个店铺的首页进行规划并合理布局,以便更好地把握自己店铺的风格,提高转化率,图6.2所示的图片组是"华为官方旗舰店"在三八妇女节时的首页效果。

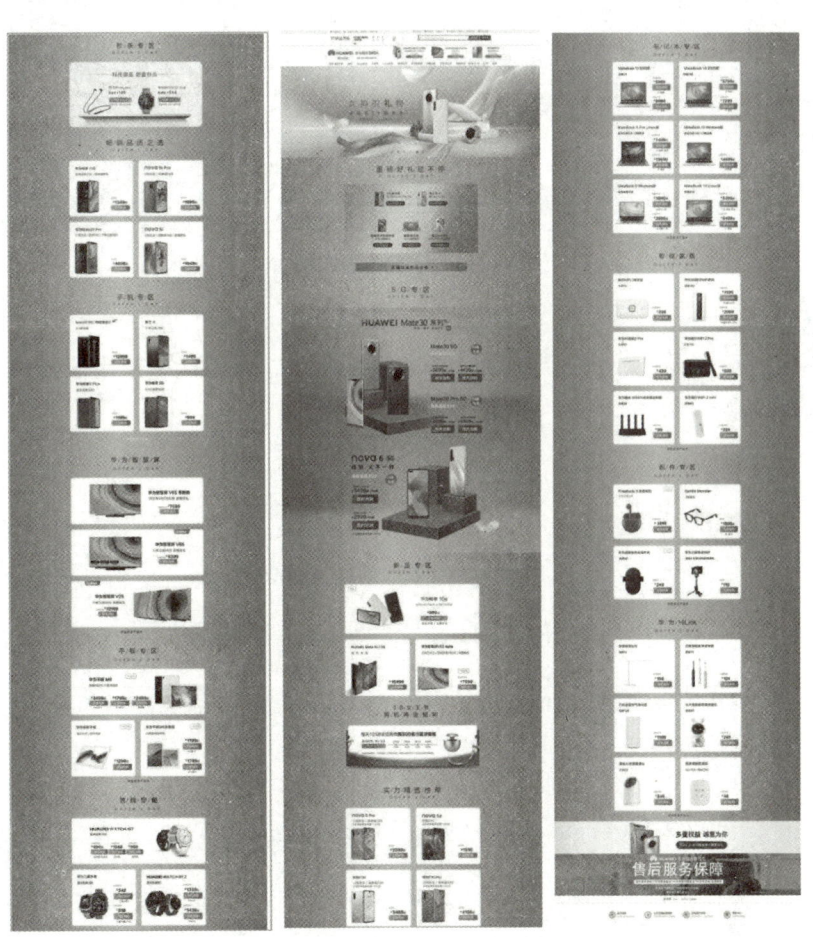

图 6.2　华为官方首页上、中、下图

1. 页头

仔细观察图 6.3 所示放大的页头部分，主要设计以下内容。

图 6.3　页头部分

（1）搜索栏：设置搜索的关键词和价格区间，以便买家搜索整个店铺商品。

（2）工具：方便买家的购物车、收藏、导航等信息。

（3）店招：上部的位置，有品牌标志、店铺名，不但进行了产品定位，还展示店铺产品，让买家清楚直观地看出店铺出售的商品。

2. 产品促销轮播海报

产品促销轮播海报主要用于店铺重大公告、折扣优惠、主打产品推荐，让客户一点进首页就能看到店铺的重点，轮播海报如图 6.4 所示。

图 6.4　促销轮播海报

3. 客服专区

客服专区一般都设计成快速导航条，如图 6.5 所示，可以让买家迅速找到，回答买家咨询相关任何问题。

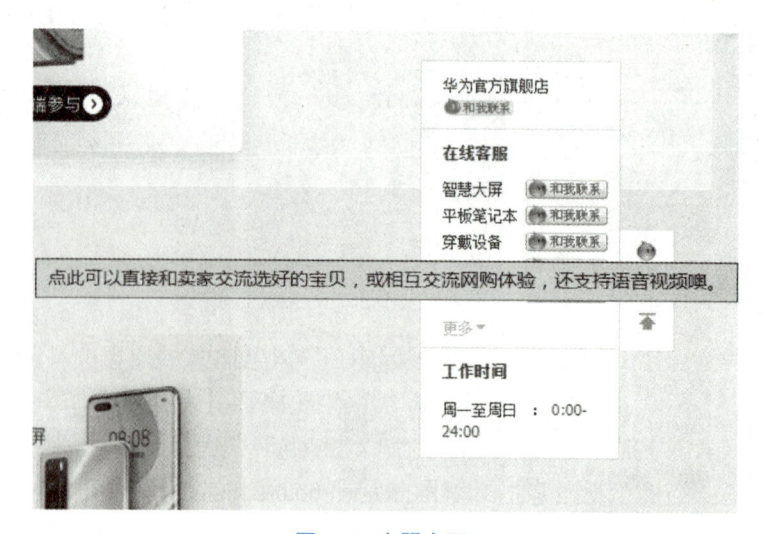

图 6.5　客服专区

4. 促销活动

促销活动主要用于推广产品的促销内容，一般可以做成促销海报吸引买家，如图 6.6 所示。

图 6.6　促销海报

5. 热门分类

热门分类起到流量向导的作用，是店铺营销以及打造爆款的必备模块，推荐方式可以选择自动推荐或者手工推荐，如图 6.7 所示。

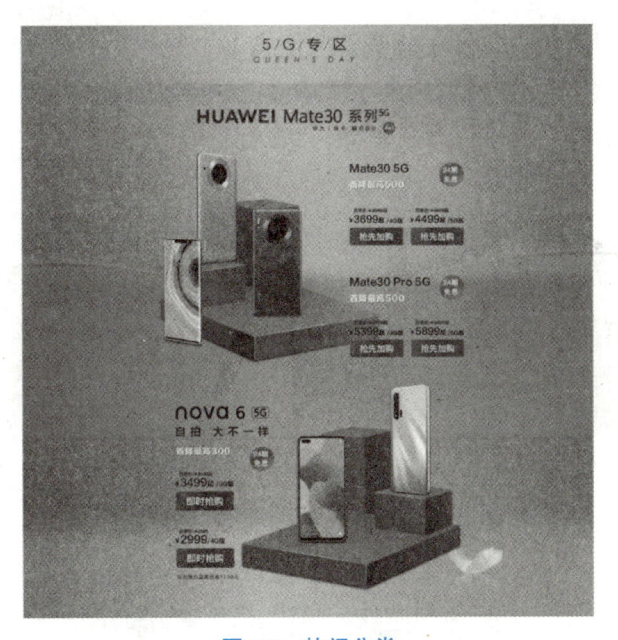

图 6.7　热门分类

6. 新品专区

新品专区就是为了更好地助推新产品的推广工作。一个好的商家肯定不会在店里放着一成不变的商品，会不断推出新产品，对于保持客户忠诚度及进一步拓展销售都是非常必要的。

新品专区一般会保持新品的更新速度，在保证产品品质的前提下，这样的做法会对新品的销量有很大帮助，同时还能大大提升店内客户的黏性，如图 6.8 所示的华为新品专区。

145

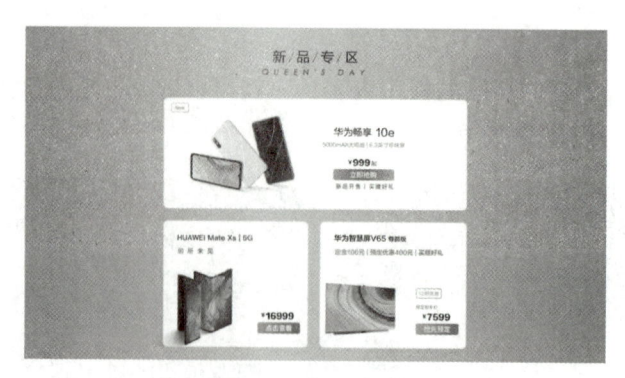

图 6.8　新品专区

7. 活动再现

如图 6.9 所示，节日活动再现，利用"3/8/妇/女/节/购/机/再/送/福/利"，再次提醒买家购机再送福利，名额有限，机会不多，抓紧时间抢购！

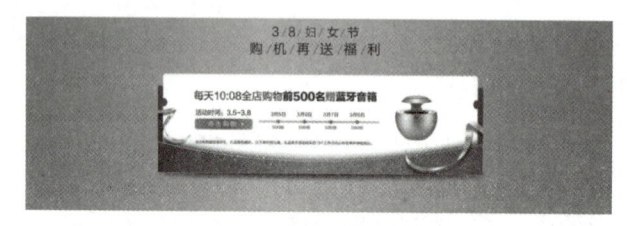

图 6.9　活动再现

8. 热卖专区

热卖专区、商品推荐：一般放置销量最好的产品或者想要打造的爆款，如图 6.10 所示。网店中的商品推荐模块就像是一条横幅，商品推荐模块可以自动添加网店中销量最好的产品，或手动添加想要打造的爆款至该模块，通常会放置在网店首页上方或商品详情页左侧。

图 6.10　热卖专区

9. 产品分类

产品分类是在类目中将商品归类设置，如图 6.11 所示的图片，产品可以按照销量、收藏、价格、新品等进行排列，便于引导买家按类别选择需要的商品。该模块常用于商品分类页面，也就是二级页面中。

图 6.11　产品分类

10. 底部页脚

一般底部页脚如图 6.12 所示，网店页脚一般设置权益、售后、服务保障、友情链接等内容。

图 6.12　底部页脚

6.1.2　首页布局总结

图 6.13 所示为主页的各个模块基本设计，具体会根据设计风格和需要合理调整呈现的形式。

图 6.13　首页布局

6.1.3 布局原则

网店首页一般按照类别或者功能分别进行设计布局,具体各个模块布局又是按照以下几个原则来进行的。

1. 主次分明,重点突出

如图 6.13 所示,视觉中心一般在屏幕的中心位置或中部偏上的位置。将店铺促销信息或爆款等重要商品安排在最佳的视觉位置,会迅速抓住买家眼球。

2. 大小搭配,相互呼应

如图 6.14 所示的美特斯邦威首页,商品展示的多个图片的安排要互相错开,使大小图像之间有一定的间隔,这样可以使页面错落有致,避免重心的偏离。

3. 区域划分明确

合理、清晰的分区可以引导消费者快速找到自己的目标商品,如图 6.15 所示的生鲜首页,首页主要是由页头、轮换 Banner、身临食感、生鲜(又分为新鲜水果、海鲜水产、肉禽蛋品、冷冻饮品、新鲜蔬菜)、食鲜者说(评价)、页脚等模块完成。

图 6.14 服装首页　　　图 6.15 生鲜首页

6.1.4 确定风格

店铺的风格基本上决定出售的商品，出售的商品不同，装修的风格及色调就会有很大差异，如图 6.16 所示的花店 Banner 图：时尚、浪漫、温馨，以紫色调为主。

图 6.16　花店

如图 6.17 所示的手机数码类型店铺往往以蓝、白、灰、黑、金等颜色为主，风格为极简、大空间，注重科技感、实用性和功能性。

图 6.17　手机数码

如图 6.18 所示的 FILA 服装店铺，根据服装类型定风格，多以模特图片为主，比如 FILA 是运动服装，装修风格则是简约、时尚、清新，注重舒适性。

图 6.18　FILA

如图 6.19 所示的三只松鼠，采用卡通风，极具亲和力，增加了亲切感和活跃感，容易被人接受；风格又比较鲜明，很受年轻人的喜爱。

图 6.19 三只松鼠

如图 6.20 所示的化妆品，装修风格比较华丽、浪漫、时尚，但又不失亲和力，活泼又有足够的内涵。

图 6.20 兰蔻化妆品

总而言之，影响首页风格的主要因素有企业品牌文化、产品属性信息、客户群体定位、市场环境、季节等。

> **思政园地**
>
> 在制作作品时，使用的图片和素材要注意以下关于《中华人民共和国著作权法》第二十四条的规定，在下列情况下使用作品，可以不经著作权人许可，不向其支付报酬，但应当指明作者姓名或者名称、作品名称，并且不得影响该作品的正常使用，也不得不合理地损害著作权人的合法权益：
>
> （一）为个人学习、研究或者欣赏，使用他人已经发表的作品；
>
> （二）为介绍、评论某一作品或者说明某一问题，在作品中适当引用他人已经发表的作品；
>
> （三）为报道新闻，在报纸、期刊、广播电台、电视台等媒体中不可避免地再现或者引用已经发表的作品；
>
> （四）报纸、期刊、广播电台、电视台等媒体刊登或者播放其他报纸、期刊、广播电台、电视台等媒体已经发表的关于政治、经济、宗教问题的时事性文章，但著作权人声明不许刊登、播放的除外；
>
> （五）报纸、期刊、广播电台、电视台等媒体刊登或者播放在公众集会上发表的讲话，但作者声明不许刊登、播放的除外；
>
> （六）为学校课堂教学或者科学研究，翻译、改编、汇编、播放或者少量复制已经发表的作品，供教学或者科研人员使用，但不得出版发行；

（七）国家机关为执行公务在合理范围内使用已经发表的作品；

（八）图书馆、档案馆、纪念馆、博物馆、美术馆、文化馆等为陈列或者保存版本的需要，复制本馆收藏的作品；

（九）免费表演已经发表的作品，该表演未向公众收取费用，也未向表演者支付报酬，且不以营利为目的；

（十）对设置或者陈列在公共场所的艺术作品进行临摹、绘画、摄影、录像；

（十一）将中国公民、法人或者非法人组织已经发表的以国家通用语言文字创作的作品翻译成少数民族语言文字作品在国内出版发行；

（十二）以阅读障碍者能够感知的无障碍方式向其提供已经发表的作品；

（十三）法律、行政法规规定的其他情形。

总 结

设计有流量入口的网店首页，首先根据首页主题确定模块，做好模块布局，注意模块以及内容的主次先后呈现关系，设计时候要重点突出，吸引买家眼球，各个模块内容要按照大小搭配并相互呼应。其次还要注意产品的风格设计，在颜色的搭配和设计上要给买家良好的视觉体验。在设计时一定要让品牌或者品牌标志凸显并且搭配营销策略。

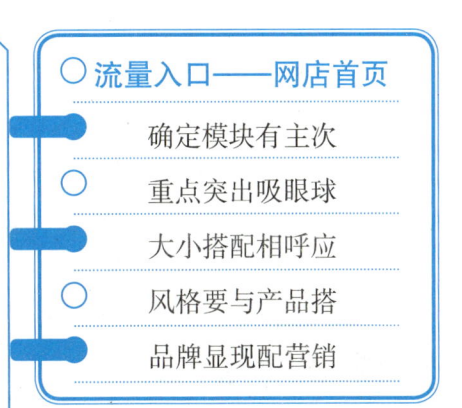

○ 流量入口——网店首页
- 确定模块有主次
- 重点突出吸眼球
- 大小搭配相呼应
- 风格要与产品搭
- 品牌显现配营销

6.2 网店首页制作

如图 6.21 所示的图片组，是要制作的计算机端"精品生鲜"类目的网店首页效果，计算机端首页是指在个人计算机端口显示的网店首页，首页以暖色系中最温暖、富足、快乐而幸福的橙色为主，加以白云和海浪设计元素凸显"海鲜"主题。

图 6.21 精品生鲜首页上、中、下图

6.2.1 了解店铺首页布局及模块

制作首页前先要进行首页规划，表 6.1 所示为首页的基础布局表格图，总体来说可以将首页分为头、中、脚三大区域，中间包含大海报、购物券、热销生鲜、分类导航、掌柜推荐、新品上新、助农商品等模块，各个模块制作过程详见以下各小节。

表 6.1 首页布局表格图

页头（店招）
大海报
购物券
热销生鲜
Banner 图
分类导航
掌柜推荐
新品上新
助农商品
页脚

6.2.2 制作店招

步骤 1：新建一个名称为"海鲜首页"，宽度为"1920 像素"，高度为"1200 像素"，背景为"白色"的 RGB 文件，其他设置默认，具体设置如 6.22 所示的【新建】对话框。

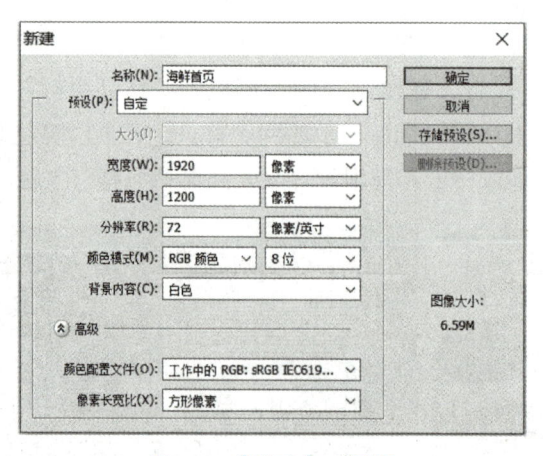

图 6.22 【新建】对话框

步骤 2：新建 4 条参考线，选择【视图】/【新建参考线】命令，垂直方向分别在"358 像素""960 像素""1562 像素"的位置，水平方向在"150 像素"的位置，部分参考线设置如图 6.23 所示的图片组。

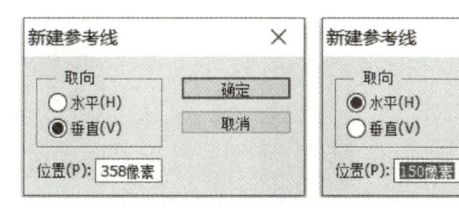

图 6.23 【新建参考线】对话框

步骤 3：创建新组，名字为"海洋"，打开素材文件夹里的"6 登峰造极\店招\波浪 .png"图片素材，将其置入"海鲜首页"文件，并和水平参考线【底对齐】，置入效果如图 6.24 所示。

图 6.24 置入波浪图片效果

步骤 4：继续置入"鱼 .png"文件，并在"鱼"图层上面创建【曲线】调整图层，选择【蓝】通道，增加蓝色，如图 6.25 所示，右击【曲线】调整图层，在出现的快捷菜单中选择【创建剪贴蒙版】，调整图像大小并放置到如图 6.26 所示的位置。

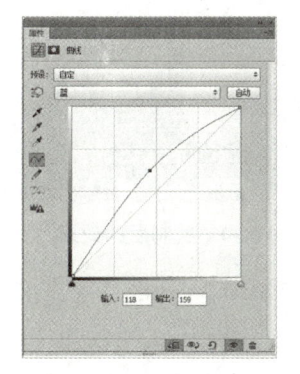

图 6.25 【曲线】调整图层　　　图 6.26 调整图像大小及位置后的效果

步骤 5：继续置入素材文件夹下的"鱼 2.png""鱼 3.png""海鸥 .png"文件，调整大小及放置位置如图 6.27 所示。

图 6.27 置入 3 个文件后大小及位置

步骤 6：创建新组，名字为"首页"，选择【圆角矩形工具】，填充颜色设置为"#961e23"，描边颜色设置为"# faf1c8"，描边宽度为"1 像素""实线"，半径为"10 像素"，绘制一个宽为"40 像素"、高为"130 像素"的圆角矩形，绘制效果如图 6.28 左图所示，再新建图层，绘制一个宽为"53 像素"、高为"120 像素"、半径为"50 像素"的圆角矩形，再将两个图层【水平居中对齐】【垂直居中对齐】，如图 6.28 中图所示，最后按 Ctrl+E 组合键合并两个图层，合并后的效果如图 6.28 右图所示。

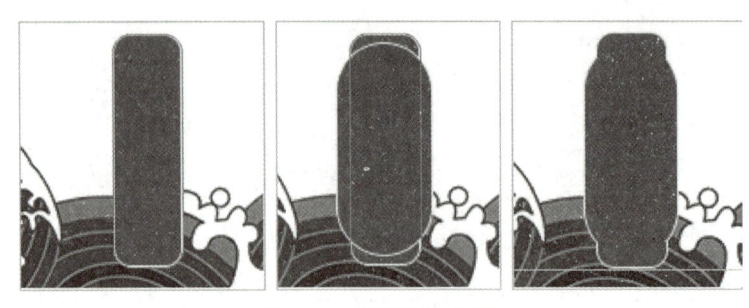

图 6.28 绘制圆角矩形

步骤 7：新建图层，再次绘制一个宽为"38 像素"，高为"100 像素"，填充颜色为"#faf1c8"，描边颜色为"#367792"，描边宽度为"2 像素"，半径为"60 像素"的圆角矩形，再和步骤 6 绘制的圆角矩形【水平居中对齐】【垂直居中对齐】，然后添加"描边"图层样式，描边大小为"1 像素"，填充类型为"渐变"，左色标设置为"#dea474"，右色标设置为"#ffdeb5"，【描边】对话框如图 6.29 所示，绘制后的效果如图 6.30 所示。

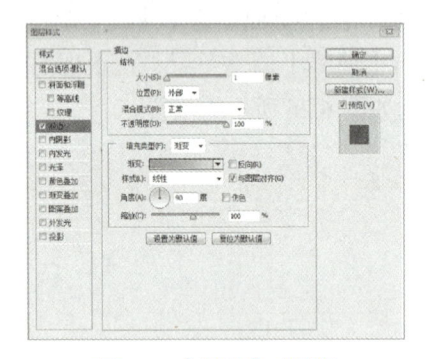

图 6.29 【描边】对话框

图 6.30 绘制后的效果

步骤 8：安装"店招"素材文件夹里面"仓耳今楷 05-6763.ttf"字体，然后输入"首页"文字，字体大小为"40 点"，设置消除锯齿方法为"锐利"，颜色为"#961e23"，输入文字后的效果如图 6.31 左侧所示。

步骤 9：复制"首页"组 5 次，分别将组名以及每组里面的文字改为"热卖""鱼类""虾类""蟹类""贝类"。将"首页"及"贝类"组放置两边合适的位置，然后将所有组选中，选择【水平居中分布】，最后的效果如图 6.31 所示。

图 6.31 店招添加导航条的效果

步骤 10：给"首页"组添加【投影】图层样式，具体参数设置如图 6.32 所示，右击"首页"组，在出现的快捷菜单中选择【拷贝图层样式】，然后分别右击导航条的其他五组，在出现的快捷菜单中选择【粘贴图层样式】，将"海洋"以及导航条的 6 组一起选中，然后按 Ctrl+G 组合键成组，将组名命名为"店招"，保存文件。

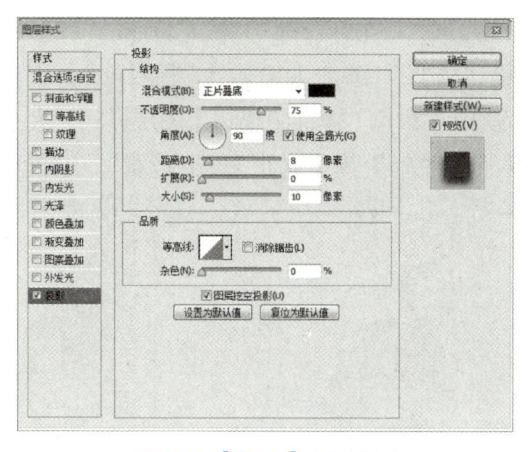

图 6.32 【投影】图层样式

6.2.3 制作大海报

步骤 1：打开"海鲜首页 .psd"文件，单击"图像 / 画布大小"，将画布高度设置为"11000px"，具体设置如图 6.33 左图所示的【画布大小】对话框，然后打开素材文件夹"6 登峰造极 \ 云素材 \ 云素材 .psd"的文件，右击【图层】面板的"云 1"图层，在出现的快捷菜单中选择【复制图层】，按照如图 6.33 右图所示的【复制图层】对话框进行设置。

图 6.33 【画布大小】【复制图层】对话框

步骤 2：按 Ctrl+T 组合键，改变"云 1"的大小，具体大小及位置如图 6.34 所示。

步骤 3：按 Ctrl+J 组合键复制"云 1"图层，然后改变大小和方向，放置如图 6.35 所示的位置。

步骤 4：再次按 Ctrl+J 组合键复制"云 1"图层，按住 Ctrl+T 组合键水平翻转，然后改变大小和方向，放置如图 6.36 所示的位置。

步骤 5：重复步骤 1，本次复制"云"图层到"海鲜首页 .psd"文件中来，改变位置，添加【描边】图层样式，大小为"3 像素"，颜色为"#4e080c"，【描边】图层样式对话框及效果如图 6.37 所示。

步骤 6：重复步骤 1，本次复制"云 2"图层到"海鲜首页 .psd"文件中来，具体放置的位置及效果如图 6.38 所示。

步骤 7：打开素材文件里面的"6 登峰造极 \ 大海报 \ 海鲜"文件夹，置入"贻

贝 .png""螃蟹 .png""章鱼 .png""龙虾 .png""秋刀鱼 .png""生蚝 .png""扇贝 .png""青虾 .png"等文件,然后给"青贝"添加【描边】图层样式,大小为"5 像素",颜色为"#292929",类似设置再依次给"章鱼"添加【描边】图层样式,大小设置为"16 像素","龙虾"描边大小为"10 像素","生蚝"描边大小为"5 像素"。设置后的效果如图 6.39 所示。

图 6.34　添加"云 1"效果

图 6.35　复制"云 1"的大小和位置

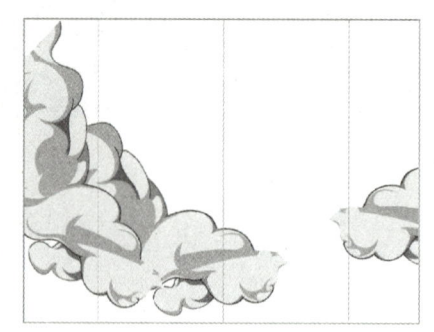

图 6.36　再次复制"云 1"后的大小和位置

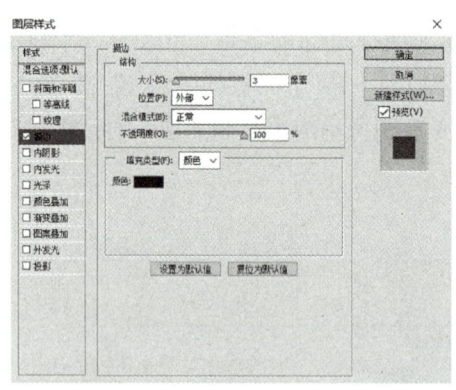

图 6.37　【描边】图层样式对话框及效果

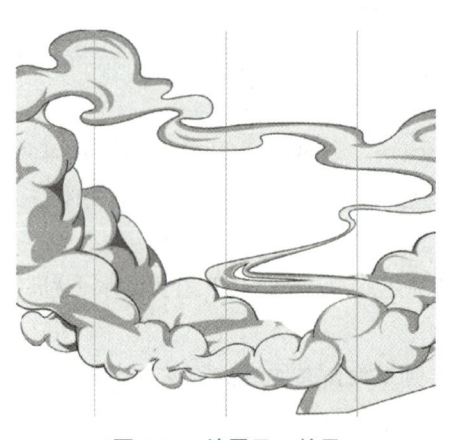

图 6.38　放置云 2 效果

图 6.39　放置海鲜图片后的效果

步骤 8:再次打开素材文件里面的"6 登峰造极 \ 云素材 \ 云素材 .psd"文件,分别依次复制"云 1""云 2""云 3""云 4""云 5"图层到"海鲜首页"文件中来,改变大小和位置,效果如图 6.40~图 6.44 所示。

156

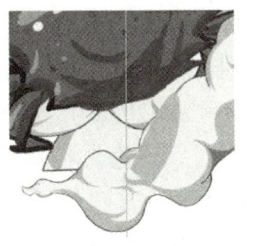

图 6.40 "云 1"效果　　图 6.41 "云 2"效果　　图 6.42 "云 3"效果

图 6.43 "云 4"效果　　图 6.44 "云 5"效果

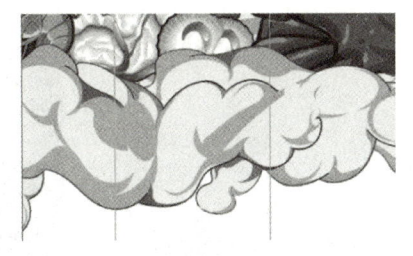

步骤 9：选择【矩形工具】，在店招下面绘制一个宽度为"1954 像素"、高度为"13.25 像素"的矩形，然后给矩形添加【渐变叠加】图层样式，具体设置如图 6.45 所示，【渐变编辑器】对话框如图 6.46 所示，设置 5 个色标，从左到右颜色依次设置分别为"#ba883f""#f6b66e""#f4ae69""#fcf8d2""#e7bd88"，绘制后的矩形位置及效果如图 6.47 所示。然后将"矩形 4"和"店招"组上面的"云 1"图层选中，按 Ctrl+G 组合键，将所有图层成组，并命名为"海报插画素材"。

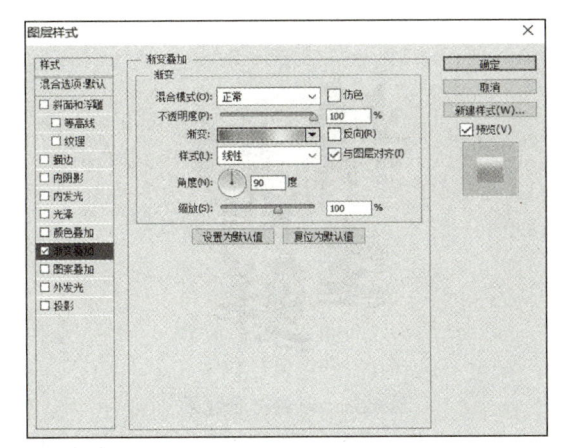

图 6.45 【渐变叠加】图层样式　　图 6.46 【渐变编辑器】对话框

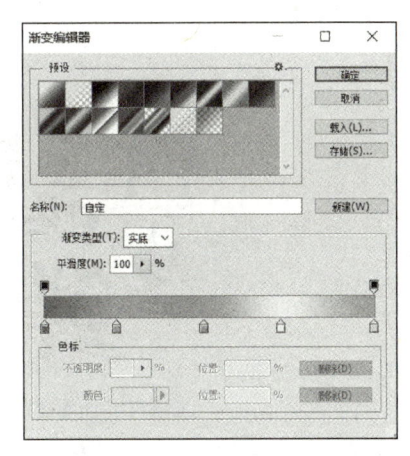

图 6.47 矩形效果

步骤 10：创建组，名字为"精品生鲜文字"，将素材文件里面的"大海报\海鲜"文件夹里的"太阳 .png"置入"海鲜首页 .psd"文件中来，置入位置及效果如图 6.48 所示。

157

步骤11：双击素材文件里面的"6 登峰造极\字体"文件夹里的"庞门正道粗书体 6.0.ttf"进行安装，选择【文本工具】，输入文字"精"，字体选择刚才安装的字体，大小设置为"272 点"，设置消除锯齿的方法选择"浑厚"，颜色设置为"#94201d"，然后添加【描边】【投影】图层样式，【描边】对话框：大小设置为"10 点"，颜色为"白色"。【投影】对话框：不透明度为 100%，距离为"20 像素"。按照类似设计方法继续输入"品""鲜"，字体大小改为"250 点"，"生"字体大小为"242 点"。并按照如图 6.49 所示的位置进行放置。

图 6.48　太阳效果　　　　　　　　图 6.49　文字效果

步骤12：创建组，名字为"印章"，打开素材文件里面的"6 登峰造极\大海报\印章"文件夹，打开"印章.png"文件，复制右上角的图形到"海鲜首页.psd"文件并放置到如图 6.50 所示的位置。

步骤13：打开素材文件里面的"6 登峰造极\大海报\印章"文件夹，打开"印章材质.png"文件，并右击图层在出现的快捷菜单中选择【创建剪贴蒙版】，放置到合适的位置，如图 6.51 所示。

图 6.50　印章效果　　　　　　　　图 6.51　印章材质效果

步骤14：选择【文本工具】，输入文字"鲜嫩"，字体选择"仓耳今楷 05-6763"，大小为"35 点"，设置消除锯齿的方法选择"浑厚"，颜色为"#94201d"，设置【投影】图层样式，大小为"1 像素"，不透明度为"100%"，描边图层样式，大小为"2 像素"，混合模式为"柔光"，【图层样式】对话框如图 6.52 所示，设置后的效果如图 6.53 所示。

步骤15：选择"印章""精品生鲜文字""海报插画素材"组，再次按 Ctrl+G 组合键将其成组，组名为"大海报"。

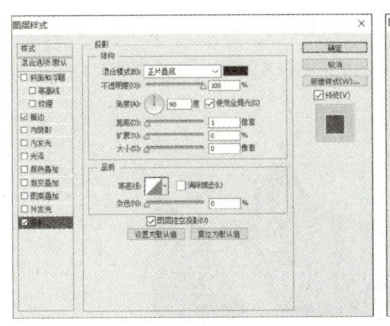

图 6.52　【图层样式】对话框及文字效果　　　　　　　　图 6.53　文字效果

步骤 16：选择最下面的"背景"图层，置入素材文件里面的"6 登峰造极 \ 背景 \ 背景图 .jpg"文件，按 Ctrl+T 组合键，水平翻转，放置的位置及效果如图 6.54 所示。

步骤 17：选择【矩形工具】，填充颜色设置为"#d37b1e"，无描边，绘制一个宽度为"1950 像素"，高度为"7631 像素"的矩形，与文件底对齐，放置位置及效果如图 6.55 所示。

步骤 18：选择"背景图""矩形 5"图层，按 Ctrl+G 组合键将其成组，组名为"背景"。

步骤 19：大海报最终效果如图 6.56 所示。

图 6.54　背景效果　　　　　　图 6.55　矩形位置及效果　　　　　　图 6.56　大海报

6.2.4　制作优惠券

步骤 1：置入"6 登峰造极 \ 优惠券 \ 边框 .png"文件，选中"边框"图层，按 Ctrl+G 组合键将其成组并命名为"优惠券"组，按 Ctrl+J 组合键复制"边框"图层，放置左侧然后水平翻转，具体位置及效果如图 6.57 所示。

图 6.57　边框位置及效果

步骤2：按 Ctrl+Shift+N 组合键新建图层，图层名称改为"中间"，并将该图层置于"边框"图层下面，然后选择【钢笔工具】，绘制一个如图 6.58 所示的路径。

图 6.58　钢笔绘制的路径

步骤3：接下来按 Ctrl+Enter 组合键将路径转换为选区，随便填充一个颜色，然后添加【描边】【内阴影】【渐变叠加】【投影】图层样式，每个图层样式的具体参数设置如图 6.59 所示的图片组，其中【描边】图层样式的【渐变】颜色：左色标为"#dea474"，右色标为"#ffdeb5"；【渐变叠加】图层样式的【渐变】颜色：左色标为"#a2232a"，右色标为"# 8c1a1e"。

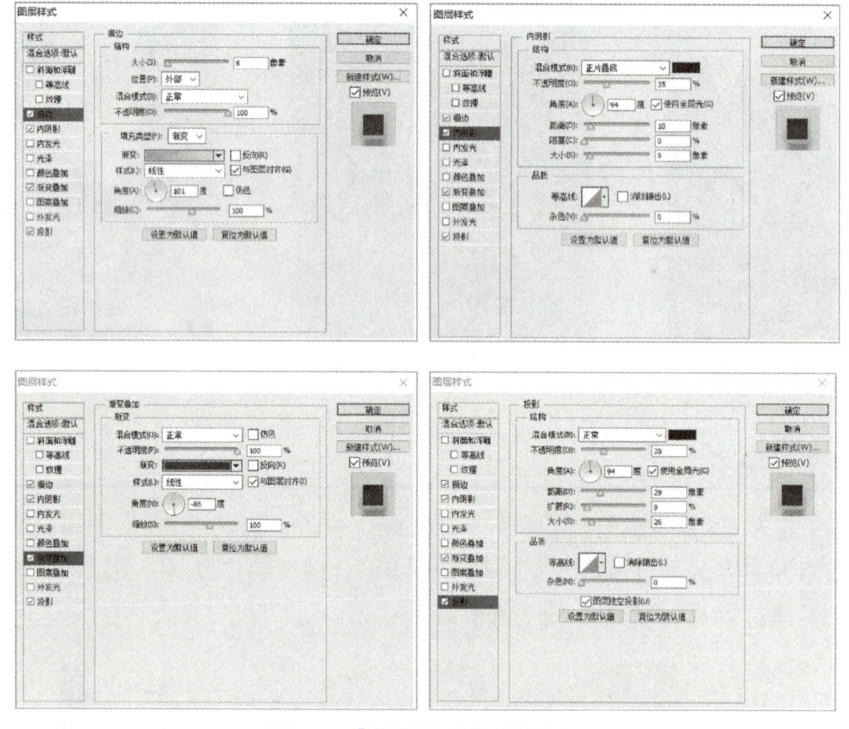

图 6.59　【图层样式】对话框组

步骤4：选择"边框""边框副本""中间"图层，按 Ctrl+G 组合键将其成组并命名为"边框"，选择【文本工具】，字体选择"思源黑体 CN"，大小为"128 点"，设置消除锯齿的方法为"平滑"，颜色为"#fadcb6"，输入"20"，然后添加【斜角和浮雕】【投影】图层样式，其对话框具体设置如图 6.60 所示的图片。注意：斜角和浮雕里的阴影模式颜色为"#cea466"，投影混合模式颜色为"#870e04"。

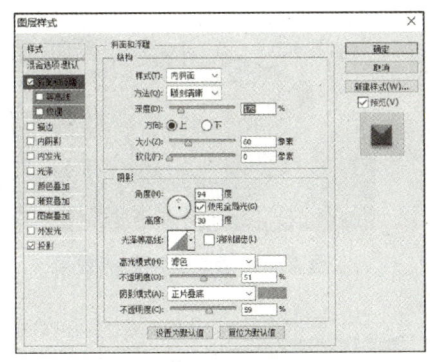

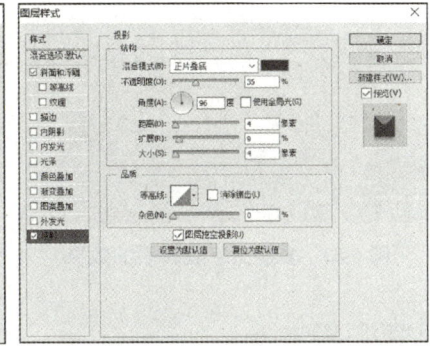

图 6.60　【图层样式】对话框组

步骤 5：按 Ctrl+J 组合键复制图层"20"，然后将"20"改为"¥"，将文字大小改为"34 点"，其他参数不变，具体位置及效果如图 6.61 所示。

步骤 6：按 Ctrl+J 组合键复制图层"¥"，然后将"¥"改为"满 199 元使用"，将字体改为"思源宋体 CN"，设置字体样式为"Regular"，文字大小改为"28 点"，其他参数不变，具体位置及效果如图 6.62 所示。

步骤 7：选择【圆角矩形工具】，绘制一个"155 像素 ×42 像素"的圆角矩形，选项栏的【填充】颜色设置为"#fbe1b8"，半径设置为"10 像素"，具体位置及效果如图 6.62 所示。

步骤 8：选择【文本工具】，输入"点击领取 >>"，字体改为"思源宋体 CN"，设置字体样式为"Bold"，文字大小改为"25 点"，文字颜色设置为"#943034"，具体位置及效果如图 6.62 所示。

图 6.61　数字及符号效果　　　　图 6.62　文字及圆角矩形位置及效果

步骤 9：选择"点击领取 >>"文本图层，然后按住 Shift 键，再选择"20"文本图层，选择连续的 5 个图层，然后按 Ctrl+G 组合键，将其成组，组名为"20"。

步骤 10：按住 Ctrl+J 组合键复制组"20"，并将组名改为"10"，向左移动，然后按住 Ctrl+T 组合键，在选项栏的【旋转】文本框中输入"−18°"，复制改变后的效果如图 6.63 所示。

步骤 11：然后将组"10"里面的文字改成如图 6.64 所示的文字，具体文字效果如图 6.64 所示。

步骤 12：按住 Ctrl+J 组合键复制组"20"，并将组名改为"30"，向右移动，然后按住 Ctrl+T 组合键，在选项栏的【旋转】文本框中输入"18°"，复制改变后的效果如图 6.65 所示。

步骤 13：然后将组"30"里面的文字改成如图 6.66 所示的文字，具体文字效果如图 6.66 所示。

图 6.63　复制文字旋转后的效果

图 6.64　修改文字后的效果

图 6.65　复制文字旋转后的效果

图 6.66　修改文字后的效果

步骤 14：到此为止，"优惠券"制作完成，优惠券最终的效果如图 6.67 所示。

图 6.67　优惠券最终效果

6.2.5　制作热销生鲜模块

步骤 1：创建"热销生鲜"组，打开"大海报"组，按住 Ctrl+J 组合键复制里面的"云"图层，并将此图层移动到"热销生鲜"组，然后将其水平翻转，翻转后的图像位置及效果如图 6.68 所示。

步骤 2：选择【圆角矩形工具】，在选项栏中【工具模式】选择【形状】，填充颜色设置为"#961e23"，描边颜色设置为"#faf1c8"，描边宽度为"3.8 像素"，描边类型为实线，圆角矩形宽为"1170 像素"，高为"513 像素"，半径为"25 像素"，绘制后的效果如图 6.69 所示。

图 6.68　云效果

图 6.69　圆角矩形效果

步骤 3：再绘制一个同样设置参数，宽为"1129 像素"，高为"566 像素"的圆角矩形，选择两个圆角矩形图层和最下面背景图层，选择【水平矩形对齐】，然后选择两个圆角矩形图层，选择【垂直居中对齐】，然后按 Ctrl+E 组合键合并图层，给合并后的图层添加【投影】图层样式，具体参数设置如图 6.70 所示的对话框，投影颜色为"#511212"。

步骤 4：合并后添加投影的效果如图 6.71 所示。

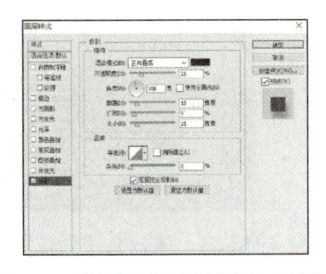

图 6.70 【投影】图层样式对话框　　图 6.71 绘制后添加投影效果

步骤 5：选择【画笔工具】，打开【画笔预设】对话框，单击右上角的按钮，在出现的快捷菜单中选择【载入画笔】，在【载入】对话框中选择"6 登峰造极\店招\海浪笔刷.abr"画笔，选择如图 6.72 所示的框中的画笔，前景色设置为"#87161a"，画笔大小设置为"1300"。

步骤 6：按住 Ctrl 键，单击"圆角矩形 6"图层图标，转换为选区，按 Ctrl+Shift+N 组合键，新建图层并命名为"鱼鳞纹"，选择画笔，绘制鱼鳞纹，然后单击，按 Ctrl+D 组合键取消选区，绘制后的效果如图 6.73 所示，选择"热销生鲜"组里面的 3 个图层，按 Ctrl+G 组合键成组，组名为"背景"。

图 6.72 【画笔预设】对话框　　图 6.73 绘制鱼鳞纹后的效果

步骤 7：创建"文字"组，选择【椭圆工具】，在选项栏中【工具模式】选择【形状】，填充颜色设置为"#8f1b1f"，描边颜色设置为"#ffcf93"，描边宽度为"3.8 像素"，描边类型为实线，绘制一个直径为"139 像素"的圆，绘制后的效果如图 6.74 所示。

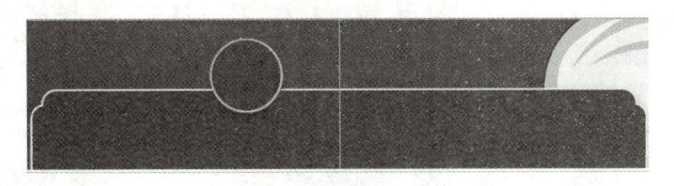

图 6.74 绘制圆的效果

步骤 8：选择【文本工具】，输入"热"，字体改为"思源宋体 CN"，设置字体样式为"Bold"，文字大小改为"86 点"，文字颜色设置为"#fcf5d7"，具体位置及效果如图 6.75 所示。

步骤9：选择"圆"和"热"两个图层，按 Ctrl+G 组合键成组，然后按 Ctrl+J 组合键复制组，将文字和组名改为"销"，然后移动"销"组，效果及位置如图 6.76 所示。

步骤10：重复步骤9，两次复制"销"组，组名和里面文字改为"生"和"鲜"，改变位置，然后选择"文字"组和"背景"图层，选择【水平居中对齐】，具体位置和效果如图 6.77 所示。

图 6.75　文字效果 　　　图 6.76　再次复制修改文字的效果 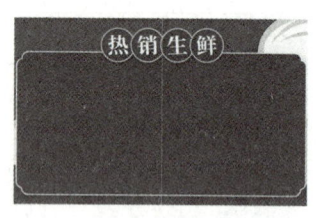　　　图 6.77　输入文字后位置及效果

步骤11：选择【圆角矩形工具】，在选项栏中的【工具模式】中选择【形状】，填充颜色设置为"#961e23"，无描边，圆角矩形宽为"316像素"，高为"408像素"，同样参数的设置，再次绘制一个宽为"286像素"，高为"432像素"，选择两个圆角矩形图层后，进行【水平居中对齐】【垂直居中对齐】。

步骤12：选择【文本工具】，输入"阳澄湖大闸蟹"，字体改为"思源宋体 CN"，设置字体样式为"Bold"，文字大小改为"37点"，文字颜色设置为"#82262c"，具体位置及效果如图 6.78 所示。

步骤13：选择【矩形工具】，宽为"279像素"，高为"266像素"，其他参数默认设置，置入"6 登峰造极\热销生鲜\大闸蟹.jpg"，右击"大闸蟹"图层，在快捷菜单选择【创建剪贴蒙版】，并将其设置合适大小，设置后的效果如图 6.79 所示。

步骤14：选择【圆角矩形工具】，在选项栏中的【工具模式】中选择【形状】，填充颜色设置为"#c0361c"，无描边，圆角矩形宽为"212像素"，高为"38像素"，同样的参数设置，再绘制一个宽为"199像素"，高为"49像素"的圆角矩形，选择两个圆角矩形图层后，进行【水平居中对齐】【垂直居中对齐】。

步骤15：选择【文本工具】，输入"立即购买>>"，字体改为"思源宋体 CN"，设置字体样式为"Bold"，设置消除锯齿的方法为"平滑"，文字大小改为"30点"，文字颜色设置为"#faf1c8"，选择除"大闸蟹"外的"大闸蟹"组所有图层，选择【水平居中对齐】，形状及文字具体位置及效果如图 6.80 所示。

图 6.78　圆角及文字效果 　　　图 6.79　图片位置及效果 　　　图 6.80　立即购买及形状效果

步骤 16：复制"大闸蟹"组，组名改为"龙虾"，并将里面的标题改为"盱眙小龙虾"置入"6 登峰造极\热销生鲜\小龙虾.jpg"文件替换大闸蟹图片，改变大小和位置，效果如图 6.81 所示。

步骤 17：再次复制"龙虾"组，组名改为"生蚝"，并将里面的标题改为"乳山鲜活生蚝"，置入"6 登峰造极\热销生鲜\生蚝.jpg"文件，进行图片替换，并改变大小和位置，选择"大闸蟹""龙虾""生蚝"三组，按 Ctrl+G 组合键成组，组名为"三商品"，然后选择"三商品"和最下面"背景"图层，选择【水平居中对齐】，然后选择"三商品"里面的 3 个组选择【水平居中分布】，"热销生鲜"模块最终效果如图 6.82 所示。

图 6.81　盱眙小龙虾效果

图 6.82　热销生鲜模块最终效果

6.2.6　Banner 制作

步骤 1：选择"热销生鲜"组，选择"背景"组里面的"云 副本 2"，按 Ctrl+J 组合键复制图层，然后移动并水平翻转，图层面板及云具体位置和效果如图 6.83 所示。

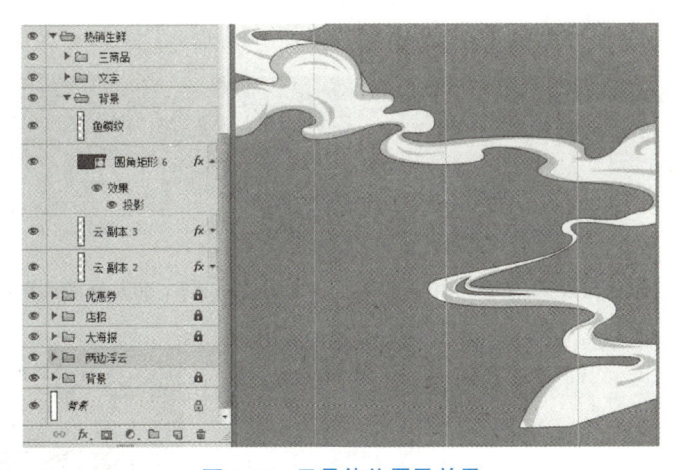

图 6.83　云具体位置及效果

步骤 2：选择"热销生鲜"组，选择【图层】面板中的【锁住全部】按钮，然后选择【圆角矩形工具】，在选项栏中【工具模式】选择【形状】，填充颜色设置为"#961e23"，描边颜色设置为"fafc8"，描边宽度为"3.8 像素"，半径为"25 像素"，绘制两个圆角矩形，宽为"1938 像素"，高为"850 像素"；再次绘制一个宽为"1864 像素"，高为"895 像素"的圆角矩形，选择两个圆角矩形【垂直居中对齐】，按住 Ctrl 键再次选择最下面

165

"背景"图层，选择【水平居中对齐】，然后将两个圆角矩形合并得到"圆角矩形 12"，效果如图 6.84 所示。

步骤 3：置入"6 登峰造极 / BANNER / 底图 .jpg"文件，调整合适位置，然后右击在出现的快捷菜单中选择【创建剪贴蒙版】，效果如图 6.85 所示，选择"底图"和"圆角矩形 12"两个图层，按 Ctrl+G 组合键创建组，组名为"底"。

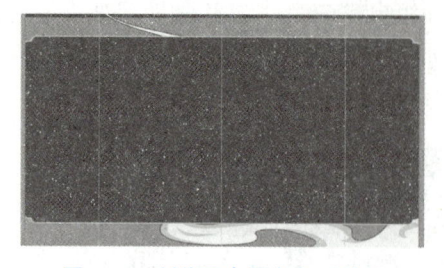

图 6.84 制作两个圆角矩形效果

图 6.85 置入底图效果

步骤 4：选择【文字工具】，输入"生鲜带回家"，字体改为"庞门正道粗书体"，设置消除锯齿的方法为"浑厚"，文字大小改为"210 点"，文字颜色设置为"#fac093"，按 Ctrl+J 组合键复制图层，然后将文字的颜色改为"#e02e06"，再添加【描边】图层样式，在描边图层样式对话框内，将大小设置为"3 像素"，填充类型为"颜色"，颜色设置为"#ffefe0"，并将此图层向上和左分别移动"6 像素"，具体位置及效果如图 6.86 所示。

步骤 5：打开"6 登峰造极 \ BANNER \ 光效 .psd"文件，选择"光 1"和"光 2"两个图层，右击在出现的快捷菜单中选择【复制图层】，调整两个光的位置，分别放在"生""回"两个字的右侧，选择两个光图层和两个文字图层，按 Ctrl+G 组合键创建组，组名为"生鲜带回家"，光及文字效果如图 6.87 所示。

图 6.86 文案位置及效果

图 6.87 加入光后的文字效果

步骤 6：选择【圆角矩形工具】，在选项栏中【工具模式】选择【形状】，填充类型选择"渐变"，左色标颜色设置为"#044e3f"，右色标颜色设置为"#0ed0a5"，无描边，圆角矩形宽为"540 像素"，高为"88 像素"，添加【描边】图层样式，描边大小为"5 像素"，颜色为"#ffc06f"，其他参数默认，绘制一个按钮，效果如图 6.88 所示。

图 6.88 绘制按钮效果

步骤 7：选择【文字工具】，输入"新鲜海捕 码头直发"，字体改为"思源宋体 CN"，设置字体样式为"Regular"，设置消除锯齿的方法为"平滑"，文字大小为"53 点"，文字颜色为"#fac093"，按 Ctrl+J 组合键复制图层，然后将字的颜色改为"#e02e06"，给文字添加【斜角和浮雕】【描边】图层样式，具体参数设置如图 6.89 所示，【斜角和浮雕】阴影颜色设置为"#ca0901"，描边颜色设置为"#d9a782"，最终文字效果如图 6.90 所示。

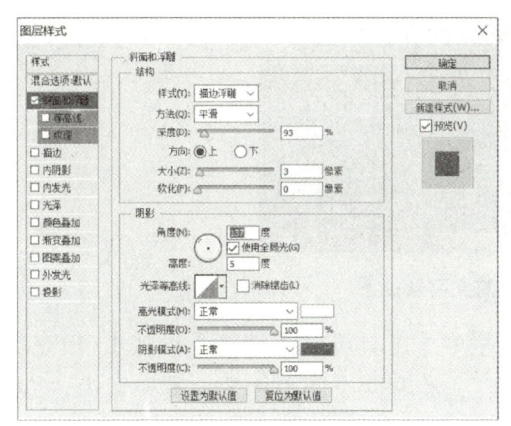

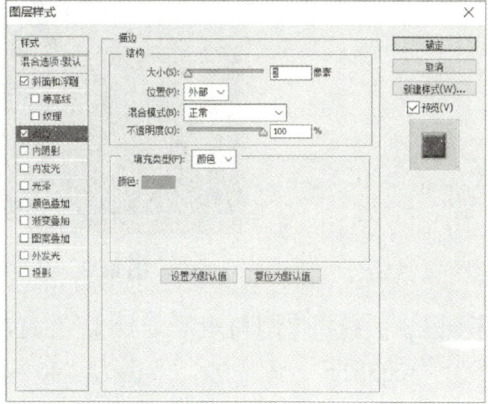

图 6.89 【斜角和浮雕】以及【描边】图层样式

步骤 8：置入"6 登峰造极\BANNER\海鲜图.png"文件，调整合适大小和位置，最后将制作 Banner 的所有图层和组创建名为"Banner"组，海鲜图最终效果如图 6.91 所示。

图 6.90 添加文字效果

图 6.91 Banner 图最终效果

6.2.7 分类导航

步骤 1：复制"热销生鲜"组中的"背景"组里的"圆角矩形 6"图层，并将其移动到"Banner"组外的上面，按 Ctrl+G 组合键创建"分类导航"组，将其高度调整"396 像素"，其位置和大小如图 6.92 所示。

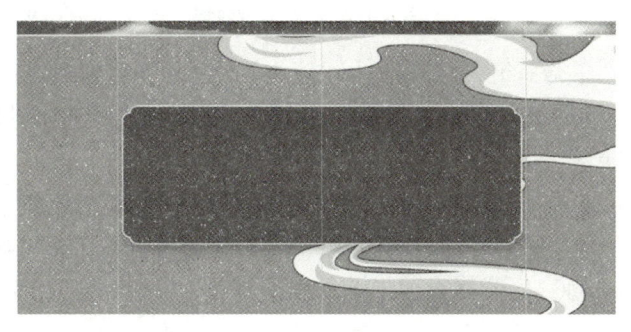

图 6.92 调整后的圆角矩形效果

步骤 2：复制"热销生鲜"组中的"文字"组到"分类导航"组的最上层，将组名改为"分类导航"，将组里的"热销生鲜"4个组名及里面文字分别改为"分、类、导、航"，其位置及效果如图 6.93 所示。

图 6.93　分类导航文字及位置

步骤 3：选择【圆角矩形工具】，在选项栏中【工具模式】选择【形状】，填充颜色设置为"#c0361c"，无描边，半径为"40 像素"，绘制两个圆角矩形，其一宽为"239 像素"，高为"271 像素"，另外一个宽为"215 像素"，高为"294 像素"，选择两个圆角矩形图层，进行【水平居中对齐】【垂直居中对齐】。并将两个圆角矩形图层选中创建"虾类"组，绘制后的位置及效果如图 6.94 所示。

步骤 4：置入"6 登峰造极 \ 分类导航"里面的"波纹.png"文件和"大虾.png"文件，调整合适大小和位置，位置及效果如图 6.95 所示。

步骤 5：选择【文字工具】，输入"虾类"，字体为"仓耳今楷"，设置消除锯齿的方法为"平滑"，文字大小为"38 点"，文字颜色为"#961e23"，按 Ctrl+J 组合键复制图层，然后将文字改为"SHRIMP"，字体为"宋体"，文字大小为"18 点"，输入文字后的效果图如图 6.96 所示。

图 6.94　圆角矩形效果　　图 6.95　置入图后效果　　图 6.96　输入文字后的效果

步骤 6：复制"虾类"组，组名改为"蟹类"，并将里面的标题改为"蟹类"，置入"6 登峰造极 \ 热销生鲜 \ 螃蟹.png"图片，替换虾类图片，文字分别替换为"蟹类"和"CRAB"，替换后的效果如图 6.97 所示。

步骤 7：重复步骤 6，分别将里面文字及图片修改为如图 6.97 所示，最后将"虾类""蟹类""鱼类""贝类"组创建"四类"新组，然后将四组进行【水平居中分布】，对"四类"组、"圆角矩形 6 副本"图层进行【水平居中对齐】，然后修改细节，分类导航模块的最终效果如图 6.97 所示。

图 6.97　分类导航最终效果

6.2.8　掌柜推荐

步骤 1：复制"分类导航"组里的"分类导航文字"组，将"分类导航文字"组名改名为"掌柜推荐文字"，将其移动到组外，将里面的组名及文字分别改为"掌柜推荐"，再按 Ctrl+G 组合键创建"掌柜推荐"组，效果如图 6.98 所示。

步骤 2：打开"6 登峰造极 \ 云素材 \ 云素材 .psd"文件，选择里面的"云 1""云 2"图层，然后右击在出现的快捷菜单中选择【复制图层】，复制到"海鲜首页"文件里的"掌柜推荐"组，具体位置及效果如图 6.99 所示。

图 6.98　掌柜推荐标题　　　　　　　图 6.99　云位置及效果

步骤 3：复制"分类导航"组里的"圆角矩形 6 副本"图层，并改名为"掌柜推荐底图"，将其移动到"掌柜推荐"组"浮云 1"图层上面，改变位置，改变高度为"556 像素"，添加描边【图层样式】，描边参数设置如图 6.100 所示的描边【图层样式】对话框，颜色设置为"#961e23"，改变大小及添加描边后的效果如图 6.101 所示。

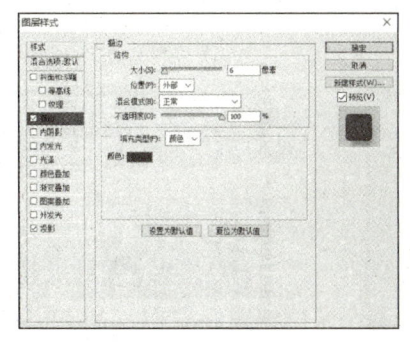

图 6.100　图层样式　　　　　　　图 6.101　图形位置及描边后的效果

169

步骤 4：置入 "6 登峰造极 \ 掌柜推荐 \ 鱿鱼 .jpg" 文件，改变大小，右击在出现的快捷菜单中选择【创建剪贴蒙版】，位置及效果如图 6.102 所示。

步骤 5：选择【圆角矩形工具】，在选项栏中【工具模式】选择【形状】，填充颜色设置为 "#c0361c"，无描边，半径为 "15 像素"，绘制 1 个圆角矩形，宽为 "478 像素"，高为 "402 像素"，并将此图层的不透明度设置为 "80%"，绘制后的位置及效果如图 6.103 所示。

图 6.102　置入鱿鱼图片效果

图 6.103　绘制白色圆角矩形效果

步骤 6：选择【文字工具】，输入 "北海红鱿鱼"，字体为 "江西拙楷"，设置消除锯齿的方法为 "平滑"，文字大小为 "90 点"，文字颜色为 "#c1371d"，按 Ctrl+J 组合键复制图层，然后将文字改为 "产品特点 1　产品特点 2"，字体为 "思源宋体 CN"，设置字体样式为 "Bold"，大小为 "30" 点，输入文字后的效果图如图 6.104 所示。

步骤 7：选择【圆角矩形工具】，在选项栏中【工具模式】选择【形状】，填充颜色设置为 "#961e23"，无描边，半径为 "20 像素"，绘制两个圆角矩形，其一宽为 "409 像素"，高为 "85 像素"，另外一个宽为 "386 像素"，高为 "104 像素"，选择两个圆角矩形图层后，进行【水平居中对齐】【垂直居中对齐】。

步骤 8：再次选择【圆角矩形工具】，在选项栏中【工具模式】选择【形状】，填充颜色设置为 "#d37b1e"，无描边，半径为 "20 像素"，绘制 1 个圆角矩形，宽度为 "178 像素"，高度为 "52 像素"，位置及效果如图 6.105 所示。

步骤 9：选择【文字工具】，输入 "19"，字体为 "思源宋体 CN"，设置字体样式为 "Bold"，设置消除锯齿的方法为 "平滑"，文字大小为 "80 点"，文字颜色为 "#fafc8"。同样设置文字 "小 9"，大小改为 "40 点"，"¥" 大小改为 "21 点"，"点击购买 >>" 大小为 "30 点"，"到手价" 设置字体样式为 "Regular"，大小为 "21 点"，输入文字后位置及效果如图 6.106 所示。

图 6.104　输入文字后效果

图 6.105　绘制形状效果

图 6.106　输入价格文字后效果

步骤 10：绘制爆款推荐底图，选择【圆角矩形工具】，在选项栏中【工具模式】选择【形状】，填充颜色设置为"#961e23"，无描边，半径为"20 像素"，绘制两个圆角矩形，宽、高均为"107 像素"，复制一个，按 Ctrl+T 组合键，在选项栏中【设置旋转】为"20°"，然后选择两个形状图层，再次按 Ctrl+T 组合键，在选项栏中【设置旋转】为"30°"，效果如图 6.107 所示。

步骤 11：选择【文字工具】，输入"爆款推荐"，字体为"仓耳今楷"，设置消除锯齿的方法为"平滑"，文字大小为"35 点"，文字颜色为"#faf1c8"，输入文字后位置及整体效果如图 6.108 所示。

图 6.107　形状效果

图 6.108　输入文字后位置及整体效果

步骤 12：选择"掌柜推荐"组里从最上层到"掌柜推荐底图"图层的所有图层，按 Ctrl+G 组合键创建"鱿鱼"组，复制"鱿鱼"组两次，改名为"对虾"和"刁子鱼"，向下移动，改变相应的图片和文字，爆款推荐模块最终的效果如图 6.109 所示。

图 6.109　掌柜推荐模块最终效果

6.2.9　新品上新

步骤 1：复制"热销生鲜"组里的"云 副本 3"，水平翻转，得到如图 6.110 所示的效果。

步骤 2：复制"掌柜推荐"组里的"掌柜推荐文字"组，移动到组外并改为"新品上新文字"组，按 Ctrl+G 组合键创建"新品上新"组，将"掌柜推荐文字"组里面的组名及文字分别改为"新、品、上、新"，位置及效果如图 6.111 所示。

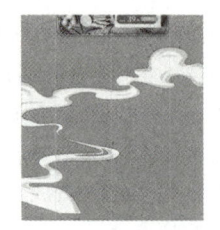

图 6.110　浮云效果　　　　　　　　　图 6.111　新品上新效果

步骤 3：再次复制"掌柜推荐"组里的"刁子鱼"组并移动到"新品上新"组，将组名改为"扇贝"，隐藏"扇贝"组中除了"掌柜推荐底图"图层外的所有图层，选择"掌柜推荐底图"图层，然后再选择【圆角矩形工具】，在选项栏中【工具模式】选择【形状】，填充颜色默认，描边颜色为"#faf1c8"，半径为"20 像素"，绘制两个圆角矩形，其一宽为"550 像素"，高为"640 像素"，另外一个宽为"522 像素"，高为"681 像素"，选择两个圆角矩形图层后，进行【水平居中对齐】【垂直居中对齐】，然后按 Ctrl+E 组合键合并图层，并命名为"新品上新底图"，右击"掌柜推荐底图"，在快捷键菜单中选择【拷贝图层样式】，并删除此图层。然后右击"新品上新底图"，在出现的快捷菜单中选择【粘贴图层样式】，位置及效果如图 6.112 所示。

步骤 4：置入"6 登峰造极 \ 新品上新 \ 扇贝 .jpg"文件，替换"刁子鱼"图片，效果如图 6.113 所示。

图 6.112　圆角矩形位置及效果　　　　　　　图 6.113　添加图片效果

步骤 5：依次显示"新品上新"其他元素，调整位置和大小，效果如图 6.114 所示，删除多余的图层，说明："精品扇贝"文字大小改为"50 点"，文字颜色为"#fbe3b7"，将"点击购买 >>"改为"查看详情 >>"。

步骤 6：复制"扇贝"组，修改组名为"鲍鱼"，向右移动位置，将组的内容涉及的图片和文字分别修改为如图 6.115 所示的效果。

图 6.114　图像及修改文字效果　　　　　　　图 6.115　鲍鱼设计效果

步骤 7：复制"扇贝"和"鲍鱼"组，修改组名为"海参"和"沙丁鱼"，向下移动位置，并将组的内容涉及的图片和文字分别修改，修改后调整细节，新品上新模块最终效果如图 6.116 所示。

图 6.116　新品上新模块整体效果

6.2.10　助农商品

思政园地

本模块制作助农商品，作为中国人都要有爱家爱国爱农情怀，努力学习知识和技能，为乡村振兴、农业振兴、中华民族伟大复兴、共同富裕储备力量，作出贡献。

步骤 1：复制"热销生鲜"组里的"云 副本 4"，经过水平翻转、垂直翻转、旋转，放大调整后，得到如图 6.117 所示的效果。

步骤 2：复制"分类导航"组里的"分类导航文字"组，将复制的组名改为"助农商品文字"，复制"圆角矩形 6 副本"图层，将复制的图层名字改为"助农商品底图"，将复制的组和图层移动到图 6.118 所示的位置。

图 6.117　修改后的浮云效果　　　图 6.118　移动位置及效果

步骤 3：将"助农商品文字"组和"助农商品底图"图层移动到"新品上新"组外的上面，按 Ctrl+G 组合键创建"助农商品"组，将"助农商品文字"组里的"分""类"

173

"导""航"组名及文字分别改为"助、农、商、品",复制"助农商品底图"图层,并将图形向下移动,得到如图 6.119 所示的效果。

图 6.119 修改标题及形状后的效果

步骤 4:绘制收藏图标,选择【圆角矩形工具】,在选项栏中【工具模式】选择【形状】,填充颜色设置为"#faf1c8",无描边,半径分别为"20、30、40 像素",绘制 3 个圆角矩形,第 1 个宽为"167 像素",高为"206 像素",第 2 个宽为"127 像素",高为"206 像素",第 3 个宽为"69 像素",高为"89 像素",按照如图 6.120 所示的位置放置,选择 3 个形状图层后,进行【水平居中对齐】。然后将 3 个图层合并,并命名为"收藏底图"然后按 Ctrl+G 组合键创建"收藏"组。

步骤 5:再次绘制一个宽为"172 像素",高为"35 像素"的矩形,将图层命名为"收藏底图头部",放置"收藏底图"图层上,然后进行水平居中对齐和顶对齐,给两个图层添加【描边】【投影】图层样式,描边颜色为"#982626",投影颜色为"#450808",其他参数设置如图 6.121、图 6.122 所示的图层样式对话框。

图 6.120 形状效果　　图 6.121 【描边】图层样式　　图 6.122 【投影】图层样式

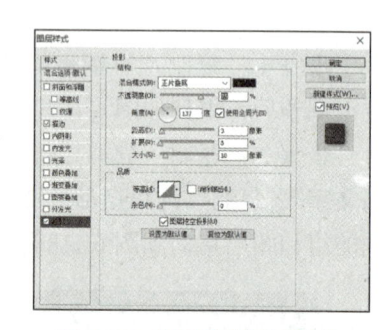

步骤 6:选择【文字工具】,输入"收藏店铺",字体为"思源宋体 CN",设置字体样式为"Bold",设置消除锯齿的方法为"平滑",文字大小为"60 点",文字颜色为"#982626",输入文字后位置及效果如图 6.123 所示。

步骤 7:选择【圆角矩形工具】,在选项栏中【工具模式】选择【形状】,填充颜色设置为"#faf1c8",描边颜色为"#330505",半径分别为"10 像素",绘制 1 个宽为"191 像素",高为"35 像素"的圆角矩形。按 Ctrl+G 组合键创建"客服中心"组,再次绘制一个直径为"23 像素"的正圆,颜色为"#982626",效果如图 6.124 所示。

步骤 8:选择【自定形状工具】里面的【箭头 2】绘制一个颜色为"#faf1c8"的箭头,按照如图 6.124 所示的位置放置。

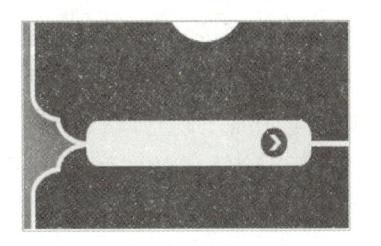

图 6.123　收藏店铺效果　　　　图 6.124　形状及文字效果

步骤 9：选择【文字工具】，输入"客服中心"，字体为"思源宋体 CN"，设置字体样式为"Bold"，设置消除锯齿的方法为"平滑"，文字大小为"18 点"，文字颜色为"#982626"，利用同样的参数，颜色改为"#faf1c8"，输入"工作时间 9:00—18:30"，输入"售前客服，售后客服"文字大小为"15 点"，4 个客服名字文字大小为"13 点"，选择刚才输入的文字按 Ctrl+G 组合键创建"客服文字"组，输入文字后位置及整体效果如图 6.125 所示。

步骤 10：选择【椭圆工具】，在选项栏中【工具模式】选择【形状】，填充颜色默认，描边颜色为"黑色"，描边宽度为"1 像素"，绘制一个直径为"40 像素"，按 Ctrl+G 组合键创建"客服头像"组，置入"6 登峰造极 / 助农商品 /head1.jpg"文件，改变大小，右击图像【创建剪贴蒙版】。按照同样的方法，继续绘制其他 3 个客服头像，最后绘制的效果如图 6.126 所示。

图 6.125　客服文字效果　　　　图 6.126　客服图像效果

思政园地

虽然客服工作琐碎、微不足道，只是回答买家一些问题而已，但是大家一定要有"细节决定成败"的态度，秉着"勿以善小而不为，勿以恶小而为之"的理念，要有积极、主动的服务精神，树立从小事做起、从点滴做起的服务意识。

步骤 11：选择【圆角矩形工具】，在选项栏中【工具模式】选择【形状】，填充颜色设置为"白色"，无描边，半径为"30 像素"，绘制两个圆角矩形，第 1 个宽为"227 像素"，高为"257 像素"，第 2 个宽为"204 像素"，高为"279 像素"，绘制后进行水平居中对齐和垂直居中对齐，按照如图 6.127 所示的位置放置，选择两个形状图层，按 Ctrl+G

组合键创建"商品1"组，再按Ctrl+G组合键创建"商品"组。

步骤12：置入"6登峰造极\助农商品\牛肉.jpg"文件，改变大小，右击图片，在出现的快捷菜单中选择【创建剪贴蒙版】，选择【文字工具】，输入"牛肉"，字体为"仓耳今楷"，设置消除锯齿的方法为"平滑"，文字大小为"30点"，文字颜色为"#961e23"，置入图像添加文字后的效果如图6.128所示。

图6.127　形状效果

图6.128　加入图像后的效果

步骤13：复制"商品1"组，改名为"商品2"，置入"6登峰造极\助农商品\水库鱼.jpg"，改变大小和位置，将"牛肉"文字改为"水库鱼"，调整后的效果如图6.129所示。

步骤14：重复步骤13，置入"6登峰造极/助农商品"的其他图片，改变大小和位置，将文字改为相应的商品名称，调整细节后助农产品最终的效果如图6.130所示。

图6.129　水库鱼效果

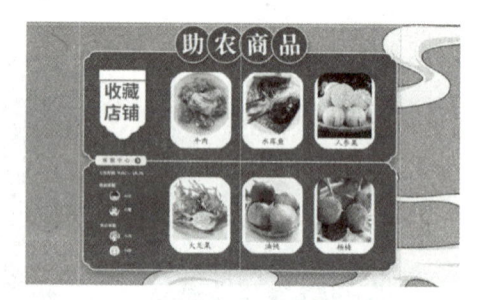

图6.130　助农产品模块最终效果

6.2.11　页脚

步骤1：选择【矩形工具】，在选项栏中【工具模式】选择【形状】，填充颜色设置为"#961e23"，描边颜色为"#faf1c8"，描边宽度为"3.8像素"，绘制1个矩形，按Ctrl+G组合键创建"页脚"组，然后在矩形上新建"波纹"图层，选择【画笔工具】，笔尖选择"云祥纹 小鱼"，前景色设置为"#851015"，横向绘制，然后将绘制后的"波纹"图层【创建剪贴蒙版】，效果如图6.131所示。

图6.131　绘制矩形并添加波纹后的效果

步骤2：复制"店招"组里的"海洋"组，移动到"页脚"组，并且将其位置调整到最下面，效果如图6.132所示。

图 6.132 添加海洋波纹后的效果

步骤 3：再次复制"大海报\海报插画素材"里的"矩形 4"图层，将其移动到"页脚"组的最上层，位置移动到最下面页脚矩形的上边，效果如图 6.133 所示。

图 6.133 添加形状后的效果

步骤 4：复制"6 登峰造极\页脚\提示文字 .txt"里的第 1 行文字到 PS 文件中，设置文字格式为：字体为"思源宋体 CN"，设置字体样式为"Medium"，设置消除锯齿的方法为"犀利"，文字大小为"16 点"，文字颜色为"#f6be80"，再次复制"提示文字 .txt"文件第 2 行文字，将文字大小改为"14 点"，颜色改为"#faf1c8"，按 Ctrl+G 组合键创建"提示 1"组，再次按 Ctrl+G 组合键创建"文字提示组"。

步骤 5：复制"提示 1"文字组改为"文字 2"组，用"提示文字 .txt"文件第 3、4 行文字进行替换，以此类推，提示文字最后的效果为 6.134 所示。

图 6.134 添加文字后的效果

步骤 6：在"提示文字"最下层绘制圆角矩形，图层名称改为"提示边框"，选择【圆角矩形工具】，在选项栏中【工具模式】选择【形状】，填充颜色设置为"#961e23"，无描边，半径为"30 像素"，绘制 1 个宽为"1031 像素"、高为"150 像素"的圆角矩形，添加【描边】图层样式，具体设置如图 6.135 所示的样式对话框，渐变颜色色标依次为"#ba883f""#f6b66e""#f4ae69""#fcf8d2""#e7bd88"，描边大小为"5 像素"，绘制提示边框后的效果如图 6.136 所示。

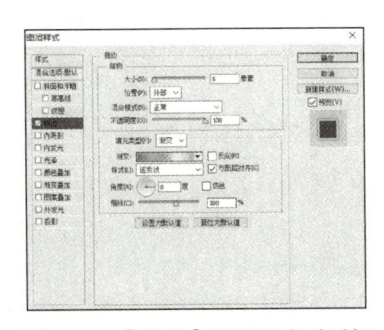

图 6.135 【描边】图层样式对话框

图 6.136 提示边框效果

177

步骤7：选择【椭圆工具】，依次绘制3个正圆，合并图层，名字为"返回顶部"，右击"提示边框"，在出现的快捷菜单中选择【拷贝图层样式】，右击"返回顶部"图层，在出现的快捷菜单中选择【粘贴图层样式】，效果如图6.137所示。

步骤8：选择【文字工具】，输入"返回顶部"，字体为"仓耳今楷"，设置消除锯齿的方法为"浑厚"，文字大小为"30点"，文字颜色为"#fdf5d7"，效果如图6.138所示。

图6.137　返回顶部效果

图6.138　添加文字后的效果

步骤9：再次调整细节，主页底部最终的效果如图6.139所示。

图6.139　页脚模块最终的效果

思政园地

团队精神：在完成项目时团队成员要不断学习、思考和摸索，形成基本相应的共识。逐步培养和打造出全体成员自觉围绕任务的目标而形成的高度团结协作、互相帮助和激励、共克难关、共同进取，共担风险、共同呵护的声誉和利益，勇于参与竞争的良好状态，以及不断创造新成绩的良好的精神面貌和状态。

学习情境 7 修成正果——详情页的设计与制作

教学目标

▎知识能力目标▎

（1）了解详情页。
（2）熟练掌握详情页的设计思路。
（3）了解详情页该设置哪些模块。
（4）了解详情页各个主题模块安排的逻辑顺序。
（5）掌握详情页各个模块设计思路。
（6）了解详情页商品信息、商品评价制作过程。
（7）掌握详情页商品全方位展示、模特展示、优惠券制作过程。
（8）熟练掌握详情页海报、产品细节制作过程。

素材

▎思政素养▎

（1）培养学生工匠精神。
（2）培养学生跳出书本、时刻学习、时刻关注市场流行趋势的习惯，提升职业敏锐度。
（3）培养学生的爱国情怀，深入理解实现中华民族伟大复兴的重大意义。

> **思政园地**
>
> **工匠精神：**详情页项目制作比较复杂、枯燥，工作量大，但是大家只需要做到以下 4 点完全可以做得非常好。
>
> （1）精益求精。注重细节，追求完美和极致，不惜花费时间精力，孜孜不倦，反复改进产品，把 99% 提高到 99.99%。
>
> （2）严谨，一丝不苟。不投机取巧，对产品采取严格的检测标准，不达要求绝不轻易提交结果。
>
> （3）耐心、专注、坚持。不断提升产品和服务，因为真正的工匠在专业领域绝对不会停止追求进步。
>
> （4）专业、敬业。工匠精神的目标是打造本行业最优质的产品，其他同行无法匹敌的卓越产品。
>
> 其实以上四点就是我们所说的工匠精神的内涵，其实各行各业，都需要这种"工匠精神"，做网店美工也不例外。

详情页是一个网店中非常重要的页面，如图 7.1 所示为天猫"富安娜"一款床上用品的详情页部分截图，商品的详情页可以称为商品的转化之门，判断在门里还是门外，主要因素还是要看详情页的设计。

图 7.1 天猫富安娜详情页部分模块截图

每一个详情页都是流量入口的落地页面，既要担负答疑解惑、下单转化，又要起到品牌传达的目的，引起深度浏览。

7.1 详情页设计思路

详情页非常重要，具体要如何设计才能算是成功？

卖家可以换位思考，作为买家从浏览到下单整个的心路历程，其实就是详情页设计的整体思路，如图 7.2 所示，可以分为引注意、感兴趣、激欲望、建信任、促成交、转多交。

它是谁 → 带来什么好处 → 为什么选择它 → 真有那么好吗 → 绝不会欺骗人 → 为什么买更多 → 成功

1.引注意 → 2.感兴趣 → 3.激欲望 → 4.建信任 → 5.促成交 → 6.转多交

图 7.2　详情页设计整体思路

7.1.1 引起注意

卖家首先要做的就是引起买家的注意，现在已经不是"酒香不怕巷子深"的时代，好产品只有出现在大众的视野里才是成功的第一步。如图 7.3 所示的页面，卖家可以通过主图的标志、商品标题这些视觉载体，传达给买家品牌的第一印象和营销主张，进而吸引买家的注意。

图 7.3　华为详情页主图及标题

如图 7.4 所示的详情页面，设计的标志、标题、横幅、活动剩余时间等信息都在说明我是谁，我是什么样的，为什么要抓紧时间关注我，从而引起买家的注意。所以清晰的标志、精练的标题和醒目的活动、促销噱头等所有信息提示是做好一个详情页的开始。

图 7.4　三只松鼠详情页主图及标题

181

7.1.2 引起兴趣

成功吸引买家注意后,接下来要设计的是要引起买家兴趣,图 7.5 所示的店铺活动、主推海报产品、突出产品的多个卖点同样可以引起买家的兴趣。

图 7.5 吸引买家兴趣一

如图 7.6 所示,以海报的形式呈现促销活动的预告或新款上线的通告,还可以增加产品的多种型号以示产品种类丰富,利用购物券等来吸引买家兴趣。

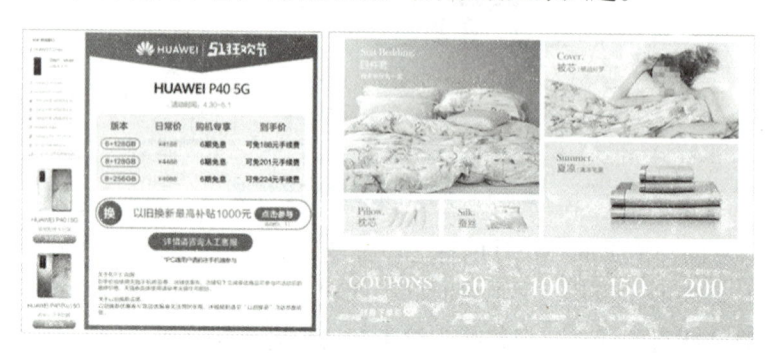

图 7.6 吸引买家兴趣二

如图 7.7 所示,精致海报能够抓住买家的兴趣点,同样属于成功的第二步。

图 7.7 精致海报

7.1.3 激起欲望

在成功吸引买家的兴趣后,要乘胜追击,激起买家的购买欲望。

如图 7.8 所示,华为 P40 详情页以先总后分的形式介绍产品的功能、特点、材质等多个方面,还可以多次重复产品卖点,为了不断加深买家对卖点的印象,激起买家购买的欲望。

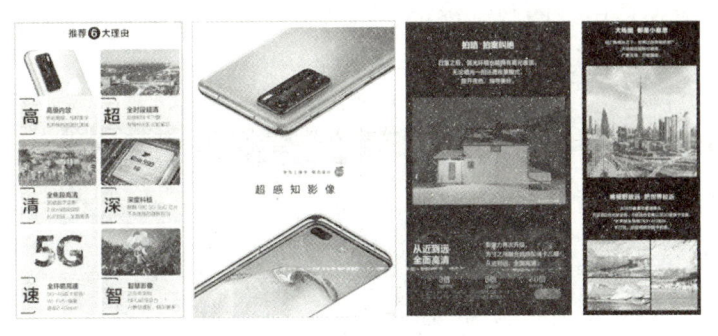

图 7.8　华为 P40 详情页

如图 7.9 所示,通过清晰的模特大图展示、商品自身、场景展示等多角度、全方位的视觉呈现,展现商品对使用人群独有的优势、价值等来激起买家购买欲望。

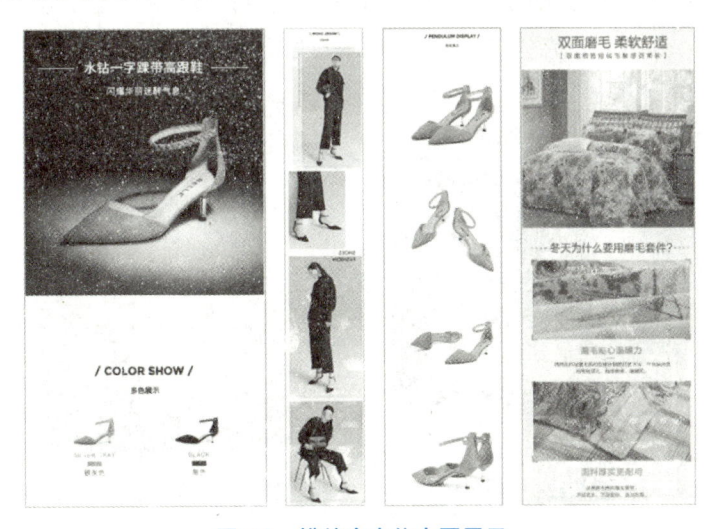

图 7.9　模特全方位大图展示

如图 7.10 所示的主推款式海报,对原料的选择如全球甄选、高科技保鲜、超丰富品类等卖点传达给买家,为商品造势。

图 7.10　多个卖点

7.1.4 建立信任

成功吸引买家购买欲望后,马上要做的就是不惜一切代价,一定要加强承诺,消除买家的疑虑及买后的顾虑。

细节决定成败,如图 7.11 所示的主推款式的海报,从材质、高跟、肩带、车线、五金等买家在意的细节下手,使买家坚定自己的购买理由。

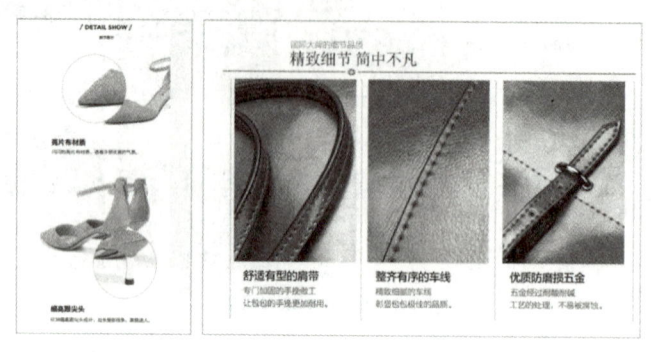

图 7.11　产品细节

如图 7.12 所示的"即买即发,当天出货""质量问题产品,无期限退换",如图 7.13 所示,以多销地、多销量的成绩再给买家打上一针"强心剂",加强信任,促使购买。

图 7.12　加强信任　　　　图 7.13　再一次加强信任

如图 7.14 左图所示的产品权威检测证书,以及中图的无数获奖证书,以及右图所示的"正品保障""七天内无理由退换货""特色服务体验"等附加值打消用户最后的后顾之忧,成功建立信任关系。

图 7.14　各种证书及保障

7.1.5 促成交易

水到渠成再推舟,接下来便要促成交易。如图7.15所示的竞争对比分析教买家辨别真伪,增加极速物流,产品精致包装可赠送亲朋好友等,给买家更多购买理由,强化用户对品牌的信任,促成交易。

图 7.15 促成交易

如图7.16所示的华为手机通过买家下单后还有更多服务、增值业务及买家的评分"见证",进一步强化信任,促成交易。

图 7.16 附加值及评论

7.1.6 转化多交

交易完成后,如何通过本次交易转换更多的交易呢?

卖家可以通过如图7.17所示的"猜你喜欢""看了又看"等模块增加更多交易,其本

图 7.17 促多交

质在于搭配营销、关联营销，为了满足顾客的不同需求，可以在低价的商品中关联一个价格稍为高点的商品或者在高价商品中关联一个价格稍低点的商品。这样网店流量形成了一个循环，尽可能最大化流量价值。

> **思政园地**
>
> 大学生作为我国社会主义事业的建设者和生力军，更多人选择毕业后工作，甚至创业。其实在大学期间就可以创业，比如现在各大电商平台都可以注册开店，也就是从现在就开始创业了。不同平台有不同的要求，可以多了解一些开店门槛，目前在校生在拼多多、东南亚跨境电商平台Shopee虾皮都有开店，本教材学习到这个阶段，大家对网店装修无论是从艺术还是技术可以说是都修成正果了，如果大家开店、学习、创业同时进行，不但可以将技术掌握更扎实、学以致用，甚至还可以有一份不错的收入。

总　　结

有转化之门的详情页，可以按照买家购物的心路历程进行设计，首先告诉买家我是谁，引起买家注意，然后吸引买家兴趣，激起买家欲望，最终要建立信任关系，才能促进商品成交，并且能关联转换多销等几个逻辑顺序，一个优质的商品详情页面应运而生。

○ 转化之门——商品详情页
- 设计噱头吸眼球
- 功能好处顾客留
- 独有优势激欲望
- 售后信任亦无忧
- 限时限量促成交
- 关联转换望多销

7.2　详情页案例制作

> **思政园地**
>
> 在案例制作前找典型电商平台的大品牌官方旗舰店产品详情页，将详情页截图保存，然后总结详情页的布局模块、风格、颜色搭配等信息，总结不同详情页设计的异同点，在学习时一定要养成跳出书本、时刻学习、时刻关注市场流行趋势的习惯，不忘总结，提升市场敏锐度。

7.2.1　任务描述

本案例利用电商技能大赛网店美工部分的素材，规划并设计制作一个详情页，主要包括7个部分的设计与制作：海报制作；优惠券的制作；焦点图（产品优势和卖点）；模特展示；商品信息；商品全方位展示；商品评价。详情页布局如表7.1所示，最终效果如图7.18所示的图片。

表 7.1　详情页布局

产品海报
优惠券
产品优势及卖点
产品细节
产品信息
产品全方位展示
产品评价

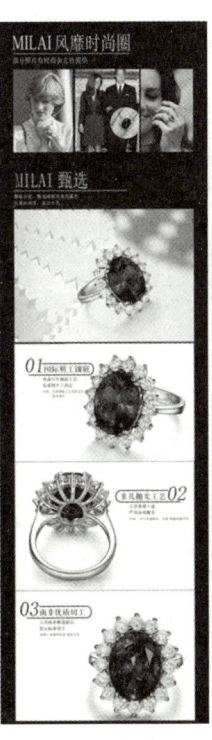

图 7.18　详情页最终效果图

7.2.2　产品海报制作

步骤 1：新建一个宽度为"790 像素"、高度暂为"1000 像素"，后面可以根据需要再调整画布，文件名为"产品海报"，背景为白色的 RGB 文件。具体设置如图 7.19 所示。

秘籍一点通：产品描述设计尺寸宽度天猫、京东为 790 像素，淘宝店为 750 像素，高度自定。在让消费者浏览时尽量一屏只显示一个内容或一屏显示的内容尽量完整。电子商务技能大赛网店美工部分详情页的宽度分为 PC 端和移动端，具体宽度按照要求设置即可。

步骤 2：将素材文件夹"7 修成正果\1.jpg"里面准备的钻戒素材置入文件中。按 Enter 键，调整大小如图 7.20 所示。

图7.19　新建文件　　　图7.20　将素材导入文件　　　图7.21　建立选区

步骤3：钻戒素材有白色的背景，需要将钻戒单独抠出。在【工具栏】中选择【钢笔工具】或快捷键P。绘制闭合路径后，右击选择【建立选区】，如图7.21所示。

步骤4：选择图层面板中的【添加矢量蒙版】，如图7.22所示。

步骤5：选择图层面板，将背景图换一个颜色，检查钻戒抠图效果。如有抠得不完美的地方再进行修改，如图7.23所示。

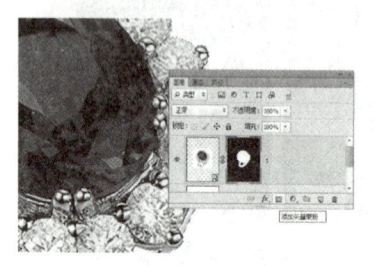

图7.22　添加矢量蒙版　　　图7.23　检查抠图效果

步骤6：将背景色设置为白色：按Alt+Delete组合键将背景填充为白色备用，如图7.24所示。

步骤7：安排文案位置，将海报的文字信息输入，位置及效果如图7.25所示。

秘籍一点通： 做设计关于字体选择的几点建议。

（1）尽量使用免费字体，如果是淘宝和天猫电商平台，可以用华康字体。

（2）字体的选用，符合主题的特点。例如商品是钻戒，在字体选择上用一些纤细或文字带角饰的字体比较符合钻戒时尚的特点。

（3）合适的文案：臻爱一生，真爱系列/尽显名贵奢华凤，送最美的你 最好的礼物，奢华钻戒女神必备，每个角度都经过精细雕琢光彩夺目。

图7.24　背景填充白色　　　图7.25　添加文案

188

步骤8：导入素材文件作为背景。调整背景图的角度，添加背景后的效果如图7.26所示。

步骤9：调整画面文字的颜色，字体选用"华康宋体"，颜色值及文字效果如图7.27所示。

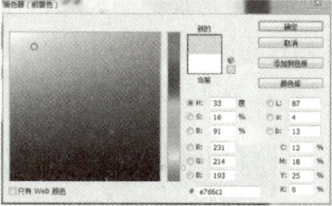

图7.26　添加背景　　　　　　　　　图7.27　调整字体颜色

步骤10：改变平淡文字布局，使用【工具栏】/【矩形选框工具】，在文字位置拖出矩形选区，位置如图7.28所示。

步骤11：按Ctrl+N组合键新建一个图层，选择【编辑】/【描边】命令，描边大小为"3像素"，矩形描边效果如图7.29所示。

图7.28　矩形选区（1）　　　　　　　图7.29　矩形描边

步骤12：选择【矩形选框工具】，在如图7.30所示的位置选取文字，然后删除选中的白色线条。删除后效果如图7.31所示。

图7.30　矩形选区（2）　　　　　　　图7.31　删除选中的线条效果

步骤13：为主题字增加光效，在图层面板新建图层，使用【画笔工具】绘制斜向图形。效果如图7.32所示。

步骤14：将鼠标放置在两个图层中间，按住Alt键，同时单击鼠标，创建出一个图层剪贴蒙版效果。图层面板及效果如图7.33所示。

189

图 7.32 用的颜色及绘制效果

步骤 15：增加画布尺寸，如果想继续在这个文件里做其他模块，需要将画布加长，选择【图像】/【画布大小】命令，出现如图 7.34 所示的【画布大小】对话框，高度输入"100 厘米"，选中"相对"选项，单击【确定】按钮。

图 7.33 图层剪贴蒙版

图 7.34 【画布大小】对话框

7.2.3 优惠券制作

步骤 1：在图层面板创建一个新组，组名为"优惠券"，如图 7.35 所示。将前景色设置为"#e7d6c1"，如图 7.36 所示。按 Ctrl+R 组合键调出标尺，用鼠标拖动出辅助线，辅助线距离画面边缘 1～1.5 厘米，选择【矩形选框工具】，绘制一个宽度为 673 像素、高度为 247 像素的矩形选区，如图 7.37 所示的矩形选区，然后按 Alt+Delete 组合键填充前景色，效果如图 7.38 所示，隐藏此图层。

图 7.35 创建一个优惠券新组

图 7.36 设置前景色

图 7.37 矩形选区位置

图 7.38 填充前景色的效果

步骤 2：绘制矩形边缘，设置前景色为"#dac5ab"，拾色器面板如图 7.39 所示，再次用【矩形选框工具】绘制一个宽度为 707 像素、高度为 282 像素的矩形选区，按 Alt+Delete 组合键填充前景色，使用减淡工具，将矩形的对角减淡，填充减淡后的效果如图 7.40 所示。显示步骤 1 绘制的矩形，效果如图 7.41 所示。

图 7.39　前景色设置（1）　　图 7.40　填充减淡后的效果　　图 7.41　绘制边缘后的效果

步骤 3：为优惠券添加文字，将前景色调整如图 7.42 所示，选择【文字工具】在画布中输入"优惠券"三个字，并且依次输入金额，文字输入后效果如图 7.43 所示。

图 7.42　【拾色器】对话框　　图 7.43　文字输入效果

步骤 4：为文字作闪光特效，在数字的图层上新建一个图层，将前景色设置为"#084178"，拾色器面板如图 7.44 所示。选择【画笔工具】绘制斜向线条，如图 7.45 所示。将鼠标放到两个图层中间，同时按 Alt 键＋鼠标，建立一个图层剪贴蒙版，如图 7.46 所示。其他字体也重复此过程。最后绘制后效果如图 7.47 所示。

图 7.44　前景色设置（2）　　图 7.45　绘制斜向线条

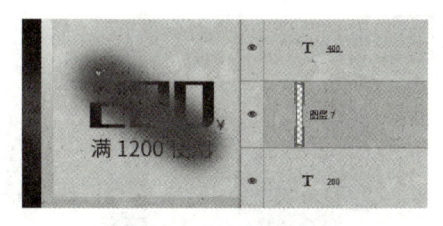

图 7.46　图层剪贴蒙版　　图 7.47　绘制好的文字效果

步骤 5：制作分隔线，选择【直线工具】绘制垂直线条，按住 Shift 键绘制垂直竖线，粗细为"3 像素"。如图 7.48 所示的分隔线。

图 7.48 分隔线效果

7.2.4 产品优势及卖点

步骤 1：在图层面板创建一个新组，组名为"购买理由"文件夹，如图 7.49 所示。选择【直线工具】绘制分隔线粗细为"3 像素"，选择【文字工具】输入文字。分隔线及文字效果如图 7.50 所示。

图 7.49 创建购买理由文件夹 　　　　图 7.50 输入文字信息和绘制直线

秘籍一点通：文字在排版时，根据其信息的层次关系，分为主标题、副标题、正文三部分。使用大小字体协调三个层次之间的关系，可以用线条进行装饰或是分隔。

步骤 2：导入素材文件夹"7 修成正果"的素材，导入素材后按 Enter 键，位置如图 7.51 所示，右击图层，在出现的快捷菜单中选择【栅格化图层】，如图 7.52 所示。

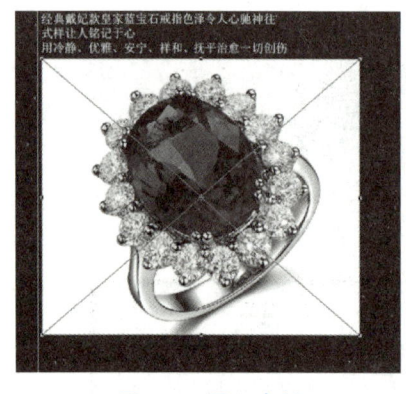

图 7.51 导入素材 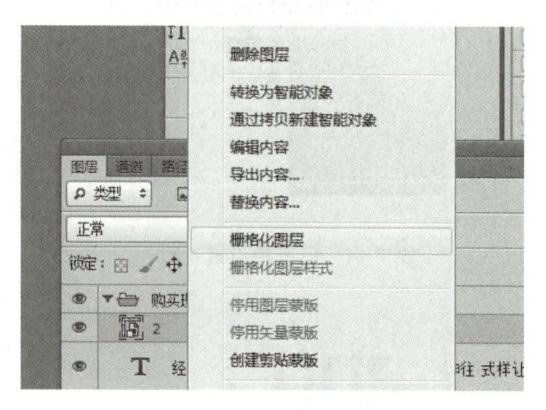　　　　图 7.52 栅格化图层

步骤 3：使用【钢笔工具】抠图，将钻戒起点和终点闭合。右击，在出现的快捷菜单中选择【建立选区】，如图 7.53 所示，羽化半径设置为"0"，单击【确定】按钮。【建立选区】对话框如图 7.54 所示。

图 7.53　建立选区

图 7.54　【建立选区】对话框

步骤 4：为图层增加蒙版，在钻戒素材图层，单击添加图层矢量蒙版，如图 7.55 所示，图 7.56 为抠图后效果。

图 7.55　添加矢量蒙版所示

图 7.56　抠图后效果

步骤 5：添加文字信息，选择【钢笔工具】将文案信息添加到画面中，根据前面所述的文字安排方法，将文字分层设置改变文字大小，并导入分类标注素材，如图 7.57 所示。

图 7.57　中文＋英文＋分类标准

图 7.58　风靡时尚圈

步骤 6：添加"风靡时尚圈"，使用【文字工具】将文案信息添加到画面中，并导入需要的素材进行布局排版，如图 7.58 所示。

7.2.5　产品细节

步骤 1：新建图层组如图 7.59 所示，使用【文字工具】输入文字和导入素材文件夹"7 修成正果"的图片，如图 7.60 所示。

193

图 7.59　创建产品细节组　　　　　　　图 7.60　导入素材

步骤 2：并将如图 7.61 所示的图片从素材文件夹 "7 修成正果" 导入画面中。并做如图所示的排列，形式感不整齐。在素材图层下方建立一个白色矩形填充，使用图层剪贴蒙版形式如图 7.62 所示让画面整齐。加蒙版后效果如图 7.63 所示。

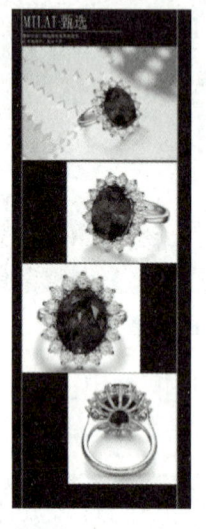

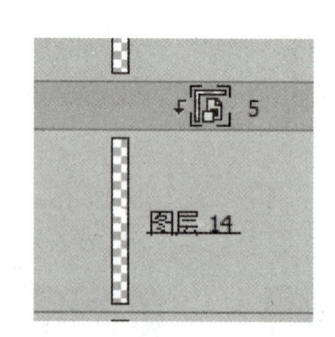

图 7.61　素材排列　　　图 7.62　创建图层剪切蒙版　　　图 7.63　加蒙版后效果

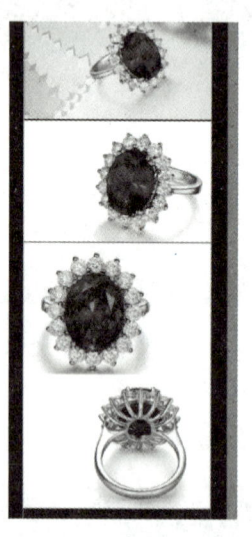

步骤 3：绘制产品细节文字及装饰符号，新建图层组如图 7.64 所示，使用【文字工具】输入文字，导入素材。选择【圆角矩形工具】，绘制圆角矩形，无填充，描边宽度为 "3 点"，半径为 "20 像素"。绘制效果如图 7.65 所示。

图 7.64　圆角矩形工具　　　　　　　图 7.65　绘制圆角矩形

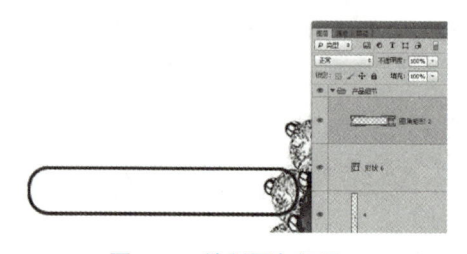

步骤 4：美化圆角，右击矩形圆角图层，在出现的快捷菜单中选择【栅格化图层】，如图 7.66 所示，用【矩形选框工具】选择左侧圆角，并将其删除，如图 7.67 所示。将文字信息，按层次关系放置如图 7.68 所示的位置。

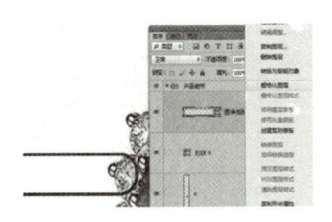

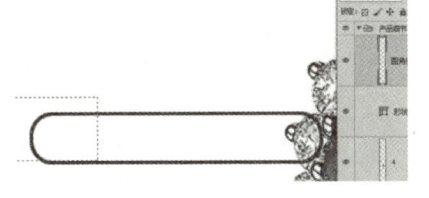

图 7.66　栅格化图层　　　　图 7.67　删除圆角左侧　　　　图 7.68　文字位置及效果

7.2.6　产品信息

步骤 1：产品信息就是介绍产品的属性，在图层面板创建组名为"产品信息"，如图 7.69 所示，选择【圆角矩形工具】绘制出圆角矩形，选择【直线工具】绘制出直线，复制素材中的文字信息，选择【文字工具】并在画布中拖动鼠标，出来段落框，粘贴复制的文字，出现如图 7.70 所示的文字段落，并调整好位置。

图 7.69　新建产品信息组　　　　　　　　　图 7.70　文字段落

步骤 2：产品介绍信息线框，选择【直线工具】，颜色为"#efe0cd"，设置形状描边宽度为"3 点"。进行线条绘制，如图 7.71 所示。选择所有线条后右击选择合并形状并栅格化图层，如图 7.72 所示。选择【矩形选框工具】，调整线条位置细节，如图 7.73 将前面抠好的戒指素材放到右侧空白处。

图 7.71　线条绘制　　　　图 7.72　栅格化　　　　图 7.73　导入戒指素材

7.2.7　产品全方位展示

步骤 1：新建图层组"产品展示"，如图 7.74 所示，将产品展示标题下面的图形用【圆角矩形工具】和【直线工具】绘制，效果如图 7.75 所示。从素材文件夹"7 修成正果"导入如图 7.76 所示的图片，使用变换 Ctrl+T 组合键调整大小。产品展示可分为产品展示和模特佩戴展示。

195

图 7.74　新建产品展示组　　　　　图 7.75　展示标题　　　　　图 7.76　排版

步骤 2：增加画布的高度，设置【画布大小】对话框，如图 7.77 所示。

图 7.77　增加画面高度

7.2.8　商品评价

步骤 1：制作商品评价标题，如图 7.78 所示，从素材文件夹 "7 修成正果" 导入 PS 界面，如图 7.79 所示。

图 7.78　标题　　　　　　　　　图 7.79　导入评价素材

步骤 2：为了让买家知道产品，为评价增加文字，选择【文字工具】，输入 "好评如潮"，字体选择 "思源黑体"，大小为 "55 点，" 颜色为 "#ff0101"，效果如图 7.80 所示。

步骤 3：制作 "好评如潮" 印章，新建图层，选择【矩形工具】，选择工具模式为 "形状"，绘制一个无填充，描边颜色为 "#ff0000"，描边宽度为 "600 像素"，实线，宽度为 "291 像素"，高度为 "111 像素" 的矩形框。效果如图 7.81 所示。

196

图 7.80　红色文字效果

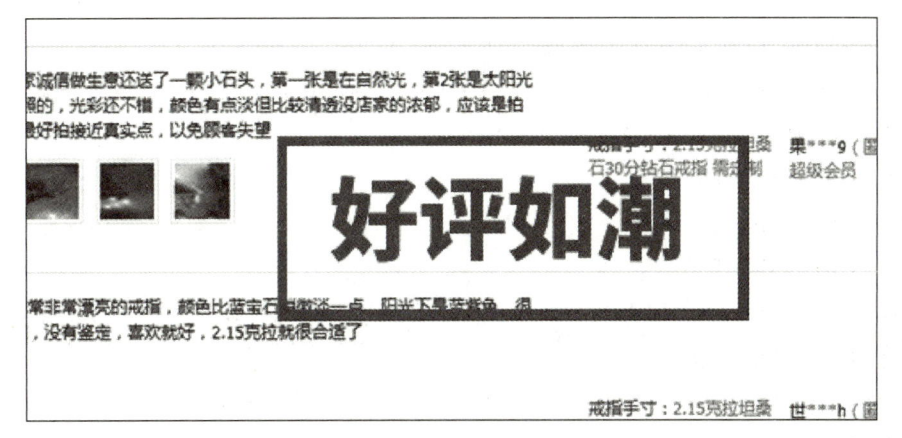

图 7.81　好评如潮边框

步骤 4：选择矩形框和好评如潮两个图层，然后按 Ctrl+E 组合键合并，然后选择【画笔工具】，笔尖形状可以选择"喷溅"，可以多选择几个类似"喷溅"形状，前景色设置为白色，然后在合并图层上多次单击，如图 7.82 所示，印章制作完成。详情页就制作完成了，详情页制作后的最终效果如图 7.18 所示。

图 7.82　添加画笔后的效果

197

附录　工欲善其事，必先利其器——Photoshop 快捷键

一、图层混合模式

循环选择混合模式（Alt+"-"）或（Alt+"+"）
正常（Ctrl + Alt + N）
阈值（位图模式）（Ctrl + Alt + L）
溶解（Ctrl + Alt + I）
背后（Ctrl + Alt + Q）
清除（Ctrl + Alt + R）
正片叠底（Ctrl + Alt + M）
屏幕（Ctrl + Alt + S）
叠加（Ctrl + Alt + O）
柔光（Ctrl + Alt + F）
强光（Ctrl + Alt + H）
颜色减淡（Ctrl + Alt + D）
颜色加深（Ctrl + Alt + B）
变暗（Ctrl + Alt + K）
变亮（Ctrl + Alt + G）
差值（Ctrl + Alt + E）
排除（Ctrl + Alt + X）
色相（Ctrl + Alt + U）
饱和度（Ctrl + Alt + T）
颜色（Ctrl + Alt + C）

二、选择功能

全部选取（Ctrl + A）
取消选择（Ctrl + D）
重新选择（Ctrl + Shift + D）
羽化选择（Ctrl + Alt + D）
反向选择（Ctrl + Shift + I）

路径变选区（Enter）
矩形、椭圆选框工具（M）
裁剪工具（C）
移动工具（V）
套索、多边形套索、磁性套索（L）
魔棒工具（W）
喷枪工具（J）
画笔工具（B）
橡皮图章、图案图章（S）
历史记录画笔工具（Y）
橡皮擦工具（E）
铅笔、直线工具（N）
模糊、锐化、涂抹工具（R）
减淡、加深、海绵工具（O）
钢笔、自由钢笔、磁性钢笔（P）
添加锚点工具（+）
删除锚点工具（-）
直接选取工具（A）
文字、文字蒙版、直排文字、直排文字蒙版（T）
度量工具（U）
直线渐变、径向渐变、对称渐变、角度渐变、菱形渐变（G）
油漆桶工具（K）
吸管、颜色取样器（I）
抓手工具（H）
缩放工具（Z）
默认前景色和背景色（D）
切换前景色和背景色（X）
切换标准模式和快速蒙板模式（Q）
标准屏幕模式、带有菜单栏的全屏模式、全屏模式（F）
临时使用移动工具（Ctrl）
临时使用吸色工具（Alt）
临时使用抓手工具（空格）
打开工具选项面板（Enter）
快速输入工具选项（当前工具选项面板中至少有一个可调节数字）（0）至（9）
循环选择画笔（[）或（]）
选择第一个画笔（Shift+[）
选择最后一个画笔（Shift+]）

建立新渐变（在"渐变编辑器"中）(Ctrl + N)

三、文件操作

新建图形文件(Ctrl + N)
用默认设置创建新文件(Ctrl + Alt + N)
打开已有的图像(Ctrl + O)
打开为...(Ctrl + Alt + O)
关闭当前图像(Ctrl + W)
保存当前图像(Ctrl + S)
另存为...(Ctrl + Shift + S)
存储副本(Ctrl + Alt + S)
页面设置(Ctrl + Shift + P)
打印(Ctrl + P)

四、编辑操作

还原/重做前一步操作(Ctrl + Z)
还原两步以上操作(Ctrl + Alt + Z)
重做两步以上操作(Ctrl + Shift + Z)
剪切选取的图像或路径(Ctrl + X) 或 (F2)
拷贝选取的图像或路径(Ctrl + C)
合并拷贝(Ctrl + Shift + C)
将剪贴板的内容粘到当前图形中(Ctrl + V) 或 (F4)
将剪贴板的内容粘到选框中(Ctrl + Shift + V)
自由变换(Ctrl + T)
应用自由变换(在自由变换模式下)(Enter)
从中心或对称点开始变换(在自由变换模式下)(Alt)
限制(在自由变换模式下)(Shift)
扭曲(在自由变换模式下)(Ctrl)
取消变形(在自由变换模式下)(Esc)
自由变换复制的像素数据(Ctrl + Shift + T)
删除选框中的图案或选取的路径(Del)
用背景色填充所选区域或整个图层(Ctrl + Backspace) 或 (Ctrl + Del)
用前景色填充所选区域或整个图层(Alt + Backspace) 或 (Alt + Del)
弹出"填充"对话框(Shift + Backspace)
从历史记录中填充(Alt + Ctrl + Backspace)

五、图像调整

调整色阶（Ctrl + L）

自动调整色阶（Ctrl + Shift + L）

打开曲线调整对话框（Ctrl + M）

在所选通道的曲线上添加新的点（【曲线】对话框中）在图像中（Ctrl）加点按

在复合曲线以外的所有曲线上添加新的点（【曲线】对话框中）（Ctrl + Shift）

移动所选点（【曲线】对话框中）（↑）/（↓）/（←）/（→）

以 10 点为增幅移动所选点以 10 点为增幅（【曲线】对话框中）（Shift + 箭头）

选择多个控制点（【曲线】对话框中）（Shift）加点按

前移控制点（【曲线】对话框中）（Ctrl + Tab）

后移控制点（【曲线】对话框中）（Ctrl + Shift + Tab）

添加新的点（【曲线】对话框中）点按网格

删除点（【曲线】对话框中）（Ctrl）加点按点

选择彩色通道（【曲线】对话框中）（Ctrl + ~）

选择单色通道（【曲线】对话框中）（Ctrl + 数字）

打开【色彩平衡】对话框（Ctrl + B）

打开【色相/饱和度】对话框（Ctrl + U）

去色（Ctrl + Shift + U）

反相（Ctrl + I）

六、图层操作

从对话框新建一个图层（Ctrl + Shift + N）

以默认选项建立一个新的图层（Ctrl + Alt + Shift + N）

通过拷贝建立一个图层（Ctrl + J）

通过剪切建立一个图层（Ctrl + Shift + J）

与前一图层编组（Ctrl + G）

取消编组（Ctrl + Shift + G）

向下合并或合并连接图层（Ctrl + E）

合并可见图层（Ctrl + Shift + E）

盖印或盖印连接图层（Ctrl + Alt + E）

盖印可见图层（Ctrl + Alt + Shift + E）

将当前层下移一层（Ctrl + [）

将当前层上移一层（Ctrl +]）

将当前层移到最下面（Ctrl + Shift + [）

将当前层移到最上面（Ctrl + Shift +]）

激活下一个图层（Alt + [）

激活上一个图层（Alt +]）

激活底部图层（Shift + Alt + [）
激活顶部图层（Shift + Alt +]）
调整当前图层的透明度（当前工具为无数字参数的，如移动工具）(0)至(9)
保留当前图层的透明区域（开关）(/)
投影效果（在【效果】对话框中）(Ctrl + 1)
内阴影效果（在【效果】对话框中）(Ctrl + 2)

参 考 文 献

[1] 段建. 网店美工 [M]. 北京：人民邮电出版社，2018.
[2] 王昇，胡敏. 淘宝天猫网店美工实践教程 [M]. 北京：人民邮电出版社，2017.
[3] 廖俊. 淘宝天猫网店美工：全能一本通 [M]. 北京：人民邮电出版社，2020.
[4] 黑马程序员. 淘宝天猫店美工设计实操 [M]. 北京：清华大学出版社，2019.